妈妈这样教，宝宝才优秀

0～4岁早教宝典

龚娅杰◎著

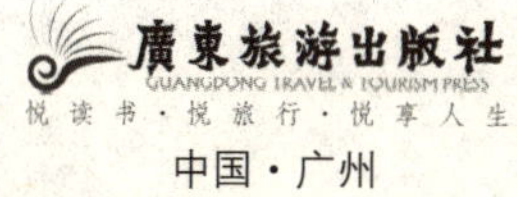

中国·广州

图书在版编目（CIP）数据

妈妈这样教，宝宝才优秀：0～4岁早教宝典 / 龚娅杰著．—广州：广东旅游出版社，2015.10

ISBN 978-7-5570-0165-0

Ⅰ．①妈…　Ⅱ．①龚…　Ⅲ．①婴幼儿－早期教育－家庭教育　Ⅳ．①G78

中国版本图书馆CIP数据核字（2015）第174594号

妈妈这样教，宝宝才优秀

Mama Zheyangjiao, Baobao Caiyouxiu

广东旅游出版社出版发行

（广州市天河区五山路483号华南农业大学公共管理学院14号楼三楼　邮编：510642）

印刷：北京海纳百川旭彩印务有限公司

（地址：大兴区黄村镇桂村工业园）

广东旅游出版社图书网

www.tourpress.cn

邮购地址：广州市天河区五山路483号华南农业大学（公共管理学院）14号楼三楼

联系电话：020-87347994　　邮编：510642

787毫米×1092毫米　16开　14印张　135千字

2015年10月第1版第1次印刷

定价：38.00元

目录

第三章 让宝宝认识自己

第四章 帮助宝宝认识世界

第五章 启发孩子的学习

第六章 学会交流

序言

教育原来是这样的

鲍秀兰

我之所以更愿意把这本书称为一种优秀的“早期教育行动方案”，而不将它称为“早期教育理论”，是想突出本书的最大特点——一种可以具体落实到日常生活中的理论。它是那么亲切和易于理解、执行，枯燥的教育理论变成了家庭教育的种种细节。这样的“行动方案”难道不比古板的、让普通家长看了犯糊涂的理论更能深入人心吗?

作者完成本书之后，曾经先后给数十位家长阅读，得到的都是一声惊叹——原来教育是这样的！在我看来，家长们的这种惊叹包含了两个方面的意思：一是，原来早期教育的理论可以离我们的日常生活如此之近，实现起来如此之易，在生活的每一个细节中，在陪孩子的每一次玩耍中，在和孩子一起的任何一言一行中，都可以轻松自如地实现早期教育的理念。教育本身并不难，难的是发现这种教育模式的规律，是如何把枯燥难懂的理论变得“看起来如此简单”，我想，这里头不知凝聚了龚娅杰等早期教育实践工作者多少的心血。这一惊叹的另一个意思恐怕要更深刻一些，那就是，原来早期教育首先应该是一种“自我教育”。这也是本书教育理念的核心所在，作者虽然没有明说，却在书中暗示了这一点。在书中，从头到尾，作者通过对各个家庭生活细节和日常习惯的观察，一直在试图追问这样一个问题——你是什么类型的父母。她先让家长了解自己的特点，然后再告诉你，这样的父母是否合格，在教育孩子的过程中存在什么样的问题，最后再结合你的情况告诉你该如何做。如此循序渐进，层层剥开，最后点出教育理念的核心。这一认知方式是很有新意的，她不再把教育视为家长对孩子的单线行为，而是先从家长自身开始，然后再抵达孩子，构成一个双线的教育行为。难怪家长们会惊叹——原来教育是这个样子的。他们以前从来没有想到过的一点终于在这里被说出来了——没有不好的孩子，只有不合格的父母！只有先“教”自己，然后才能“育”孩子。“教育”一词，应当如此一分为二地看。

先教自己，再育孩子！的确是这样，在日常生活中，只要家长们懂得婴幼儿心理发育的规律和早期教育的理念，又懂得孩子的诉求，每个人都可以成为真正的教育专家。

前言

早期教育是基于普通生活的教育

龚娅杰

作为从事0～4岁早期教育工作的实践者，我们很高兴看到越来越多的家庭开始重视孩子的早期教育。

在如何更好地教育孩子这个问题上，现在的父母是非常幸运的。他们可以通过各种各样的方式得到大量的育儿知识。经过报刊亭时，他们可以看到很多育儿资讯杂志；浏览互联网时，只要输入“育儿”两个关键字，就可以搜索到数以千计的相关网页；来到书店，书架上有各式各样的育儿书籍。但很多时候，我们的家长会被各种各样、千头万绪的教育理论搞得头晕眼花，不知道该信任哪种理论，不知道如何结合孩子的实际情况来开展早期教育。比如，在“背诵诗歌”这个问题上，我们就能“搜索”到很多不同的意见，有的专家认为背诵诗歌能很好地增强孩子的记忆力、语言表达能力等，这些专家是鼓励的、赞成的态度；另一些专家则认为，背诵诗歌属于典型的“死记硬背”，不利于孩子智力的发展，会给孩子造成学习压力，这些专家是反对的、不提倡的态度……诸如此类的“争论”是非常多的，我们的家长到底听谁的呢？到底哪些理论是适合孩子的，哪些是不适合孩子的呢？自己的孩子又是什么样的情况呢？

在教育实践中，我们发现，对于大部分孩子来说，无论他们有没有参加过游戏班，或者有没有进行过专业的早期教育指导，他们各方面的成长都会遵循一个正常的、有规律的轨迹，比如宝宝什么时候会走路、什么时候会说话、什么时候会提出反对的意见、什么时候会遵守老师制定的规矩……无论是在动作发展方面、智力发展方面或是社会行为能力发展方面，绝大部分孩子是按照一定的规律发展的。所以家长不要把早期教育看得特别的“高深”，早期教育就是基于普通生活教育，是贯穿在生活当中的。

那这样来说，是不是我们家长就没有必要开展早期教育，让孩子自然生活就可以了呢？当然不是。首先，科学系统的早期教育会对孩子各方面产生深远的影响，关于这一点，我们的家长可以轻松地获得大量的理论和实践依据；其次，尽管孩子的成长会遵循一定的规律，但很多家长对这些基本的规律是不清楚的，有时会有一些消极的、错误的引导行为，比如，过早地教孩子学习走路、进行复杂的认知学习等。既然早期教育是基于普通生活上的教育，家长在生活中如何做才更好呢？

那就是掌握一定的基础知识。如果家长没有掌握基本的早期教育知识、不了解幼儿发展的规律，要想教育出一个优秀的孩子是非常困难的。

在昆明康慧培婴早期教育中心工作的几年时间里，我们对当地数以千计的家庭实施了“早期教育家庭指导方案”，并对这些家庭的孩子各方面的发育状况进行了跟踪测试和分析比较，总结出了一套卓有成效的家庭育儿方案，这些方案在生活中是切实可行的，也是可以轻松开展的。同时，通过对不同家庭的跟踪调查，我们还总结出了家长在生活中可能会出现的一些错误育儿方式和指导行为，相信会对您有所帮助。

本书是一本针对家长的“育儿指导”书籍，它以测查家长在生活过程中是否会引导孩子各方面能力的发展为切入点，让家长通过对自己生活过程的回顾，反思在教育孩子方面存在的问题，并及时地改正自己的行为，更好地教育孩子，成为真正“懂”自己孩子的“育儿专家”。同时，在书中我们针对幼儿不同方面的能力发展，提供了相应的专业知识和具体的指导建议，所以，该书也可以作为从事早期教育指导工作的教师的参考用书。

在搜集资料以及写作的过程中，要特别感谢以下专家、老师给予我的指导和帮助：

北京协和医院儿科鲍秀兰教授

中央电视台《生命之初》栏目梁自珍编导

云南省第一人民医院儿科曾明辉教授

昆明医学院第一附属医院儿科纳志云教授

昆明医学院第二附属医院儿科杨尔麟教授

昆明康慧培婴早期中心梁惠莲、杨绚、曹倩、丘丽萍等

同时，向所有关心、帮助过我的人表示真诚的谢意。由于本人水平有限，书中难免有不当之处，希望广大读者和同行多包涵并提出宝贵意见。

本书使用说明

1.家长在做书中的测试时要做到客观，以便发现自己在育儿过程中存在的问题。

2.如果在部分测试项目中，您发现自己平时的做法和测试项目很相似，但又不是一模一样，比如测试项目中问“您是否带孩子观察过小鸡吃什么”，如果您带孩子观察过其他动物吃什么也算通过。家长要灵活变通，但要平行变通。

3.本书的相关指导及书中的游戏篇适用的年龄段为1岁半到4岁的宝宝。家长可以根据孩子的实际情况按照游戏指导进行，并及时调整游戏难度。我们不提倡某个游戏一定只能在某个年龄阶段做，只要孩子感兴趣而又没有危险，任何游戏都可以开展，还可以反复开展。

4.在引导孩子完成游戏的过程中，没有必要完全按照书本上的方式来引导，只要孩子能快乐并顺利完成游戏就可以。游戏中任何有关“玩”的建议都有助于您和孩子之间的交流。

第一章 发现您的问题

在孩子的成长过程中，家长们往往只关注孩子的问题，而忽视自身的问题。别忘了，您是宝宝的第一任老师，您的一举一动会对宝宝的情感、性格、品质、智力等方面产生深刻而长远的影响。所以，要想培养一个优秀的宝宝，首先就要求您是一位优秀的家长，您需要爱宝宝、好学习，同时还要善于发现自己的问题。

1. 不要“嫌”麻烦，快乐成长最重要

自从有了宝宝，您的生活充满了快乐、幸福，但同时也有了许多责任，您要赚更多的钱养育宝宝，给宝宝提供好的物质环境；孩子生病了，那个时候就更心烦了……

生活方面的事会让您心烦，陪孩子玩游戏您会“嫌”麻烦吗？下面这些场景您可能经历过，您是怎么认为的呢？

您带孩子去楼下花园玩球，您本想陪他好好地玩，教他一点“本事”，可是他把球乱扔。刚开始您没觉得烦，时间一长，您尽“捡”球了，就会觉得很“烦”。

您带孩子去沙滩上玩沙子，本想让他学习如何使用工具，可他却不让您教他怎么玩，结果弄得到处“脏”兮兮的，您很心“烦”。

您想培养孩子帮助人的意识，就让他来帮您剥豆子，可他尽帮倒忙，把豆子弄得到处都是，您又觉得“麻烦”了。

当您陪孩子玩游戏的时候，您“嫌”麻烦的原因可能是以下哪些？

A. 孩子太小，教他玩什么、学什么也是费工夫，教起来太麻烦，等他上幼儿园以后老师再教他就会了。有的东西，孩子大点自然也就会了，何必现在教，太麻烦了！

B. 有时候，孩子喜欢的东西太脏，比如沙子，帮他打扫卫生太麻烦，所以

不喜欢让他玩这类的游戏。

C．本来想在游戏过程中渗透一些教育内容，可孩子专注力太差，一会儿一个花样，也不知道他到底想怎么玩，看着他“瞎”玩真心烦。

D．有的游戏容易让孩子兴奋，比如一些运动游戏。怕他得多动症，所以不让孩子玩。

对于以上说法，您是否也有同感？如果您的想法和以上列举的有相似之处，您就可以发现自己的问题。

您是哪种类型的家长

（1）如果您的想法和A类型家长相似

您可能是一位逃避困难的家长。不要觉得很多能力随着孩子的成长自然就会拥有，孩子的能力和素质是需要家长帮助孩子建立并完善的。孩子小，但并不表示孩子不需要教育和帮助，您需要知道的是——无论孩子多大，您对孩子的教育都是责无旁贷的，不要把您的责任推卸给任何人或任何机构。不要认为教育孩子是一种“麻烦”，您试着去做做，就会发现孩子其实是充满智慧的。

（2）如果您的想法和B类型家长相似

您可能对孩子的生活环境要求太高了。孩子对周围事物的探索是没有干净和脏的区别的，我们要教会孩子的是：东西不干净的时候怎么处理，手或衣服被弄脏了怎么办，而不是限制孩子的行动，这样会制约孩子对事物的认知和探索的水平。

（3）如果您的想法和C类型家长相似

在这里要提醒您，陪孩子玩不仅要有绝对的耐心，还要注意掌握引导孩子参与游戏的方法。还有，我们教孩子学一些技巧或某些动作时，不能太过追求结果，而忽略了游戏给孩子带来的快乐感受。所以，这类家长需要做的是如何让孩子在玩的过程中感受快乐，然后才是掌握一定的动作，融进一定的教育目的。

（4）如果您的想法和D类型家长相似

这里要明确地告诉您，只要游戏安排合理和科学，任何游戏都不会让孩子得多动症。孩子在运动型游戏中表现出特别的兴奋是正常的，这是孩子身体发展的需要。家长需要把握好的就是在什么时段给孩子玩这类游戏，每次玩多长时间，而不是限制孩子的需求。

孩子为什么喜欢玩游戏

孩子喜欢玩游戏，是因为“我要玩”，而不是“要我玩”，游戏是孩子主动、自发、自愿的活动，它不能有任何强迫、催促或限制。孩子参与游戏的目的主要是“玩”，从玩中获得“快乐”，而不是游戏以外的东西（比如您手中的奖品、想要提高能力等）。

所以，无论孩子参与何种活动，您不要首先就判断“活动有什么教育目的、会不会弄脏孩子的衣服”等，才决定让不让孩子参与，更不要因为考虑到活动目的就限制孩子的活动手段或方式，因为这个目的是家长的不是孩子的，我们要尊重孩子参与游戏的目的和原因。您应该在保证孩子安全的情况下考虑——孩子是否真的喜欢这个活动，在这个活动中他是否表现得兴趣高昂、心情愉快。

孩子的身体运动能力和智力正处于发展中，那些能够让孩子体验到掌握感和控制感的游戏或活动，能够让孩子形成积极的学习意识、健康的生活方式，并且能主动地参与到与他人的社会交往当中。相反，久坐不动的生活方式和充满压力的环境，对宝宝的身心健康不利。宝宝只有通过各类形式的游戏，才会逐渐增强自己各方面的能力。

所以，在陪伴孩子活动时，首先要求家长不要给自己太多压力，不要用所谓的书本的、测试的、专家的标准来要求孩子

达到什么程度。创设让孩子感到快乐、轻松的环境和游戏是最重要的，这样您就不会觉得陪孩子玩是“麻烦”了。

致家长的话

在陪伴孩子成长的过程中，家长要有耐心。您关注的不应是游戏的教育效果是否能“立竿见影”，而应该是游戏能否给予孩子快乐。

只有在快乐中成长起来的孩子才是“真正健康”的孩子，只有拥有“真正的健康”，孩子才能获得智力的发展……

2. 您会培养孩子的专注力吗

作为一名从事婴幼儿早期教育指导的专业工作者，我在平时的工作过程中总会听到家长这样说：“宝宝小的时候挺专心的，给他讲故事他能听完一个故事，教他认图片或做游戏，他可以玩好一阵儿。现在长大了，反而不如原来专心了，无论做什么、玩什么，他都不能坚持，一会儿就分心了。孩子是不是得了‘多动症’，孩子的专注力是不是真的很差？”

孩子的专注力真的很“差”吗？

●**相关提示** 自从宝宝能够轻松地移动自己的身体开始，宝宝就进入了探索的高峰期，这个以宝宝会爬行和直立行走作为明显的标志。这个时期的宝宝，他们会对任何他们可以去到的地方或能够着的事物进行探索，而这种探索是没有明确目的的，他并不一定是想“得到什么”，也不一定是想“知道为什么”。发自体内的探索需求强烈地驱使着宝宝“四处乱窜、到处看看”。所以这个阶段的宝宝表现出来最明显的特征就是——注意力不集中。

宝宝的这种现象是正常的，随着宝宝的成长和认知水平的提高，在2岁半左右的时候，很多宝宝对事物的探索就开始深入了，这个时候他就会“安静”下来。即便是这样，因为宝宝还小，他也最多可以集中7～10分钟。

所以，您大可不必担心。如果您认为宝宝的专注力真的很差，那您应该检查一下宝宝的生活环境是否太嘈杂，玩具是否太多了，然后适当地给孩子创造一些容易让人安静的游戏，坚持下来就会收到效果的。

您是否是一位会培养孩子专注力的家长

①孩子的玩具您是怎样放置的？

A．整理在玩具箱里，等孩子需要的时候再给孩子拿出相应的玩具

B．随意放在孩子房间的一角

②孩子每天有固定的看儿童节目或是看书的时间吗？

A．有　　　　　　　B．没有

③孩子每天有没有独立玩耍的机会？

A．有　　　　　　　B．没有，一般都有大人陪伴

④当孩子对一件玩具失去兴趣想要更换新玩具时，您会：

A．陪宝宝再研究一下这个玩具还有什么玩法

B．给孩子更换一件他喜欢的玩具

⑤宝宝正在专心地玩玩具，而喝果汁的时间到了，您会：

A．不打断他，先让他玩，然后再给他喝果汁

B．打断他，让他喝完果汁再玩

⑥您每天有没有刻意地给孩子做一些安静型游戏？比如：穿纽扣、看书、搭积木等。

A．每天都有　　　　B．不一定，看孩子喜欢

【评分】A—1分；B—0分

【分析】得分≤2分，您是一位不太善于培养孩子专注力的家长。如果您认为您孩子的专注力不好，那在很大程度上都是您的行为造成的。孩子的专注力不是天生的，需要您长期的培养。首先您需要给孩子制定一个有规律的作息表，让孩子一天的活动能够动静结合，而不是任由孩子的性子；其次，您需要提供给孩子一个适宜的、安静的环境，环境不能太乱、太嘈杂，让孩子养成一定的行为规范。然后就是需要您进行有效的训练，

刚开始的时候，孩子可能很难配合，千万不要着急，更不要骂孩子，慢慢地来。

得分为3、4分，您基本能帮助孩子形成良好的专注力，但还需要检查一下，还有什么地方做得不够。我们强调，培养良好的专注力有几个要素：环境、生活习惯、家长的引导方式。您觉得哪些方面做得不够，从现在纠正过来，您会收到良好的效果。

得分≥5分，在培养孩子专注力方面您一定做了许多努力和尝试。如果您宝宝的专注力能达到5分钟，那他的专注力非常好了。需要提醒您的是，不能用大孩子的要求来要求3岁以下的幼儿，太长时间的专注对于3岁以下的幼儿来说是非常困难的，对孩子的身心健康也是不利的。

如何培养孩子的专注力

创建良好的生活环境：宝宝生活的环境应该是安静的、自由的，并且应该有他自己的生活空间。一个嘈杂的、人口众多的家庭环境，会影响宝宝的专注力。

帮助宝宝形成良好合理的生活习惯：有规律的生活方式及合理的生活安排会从生理上帮助宝宝建立生物钟，这样孩子会自觉地知道某段时间应该做什么，有助于提高专注力。

家长的陪同：让孩子一个人单独专注于某个事物或某项活动是很难的，因为宝宝还小，他的探索能力是有限的，如果没有您的陪同和帮助，他很快就会失去探索的兴趣。如果有家长的陪同和有效的引导，会增强孩子的探索欲望，有助于提高孩子的专注力。

提供丰富、合适的刺激：您应该准备适合孩子玩耍或操作的游戏材料，让孩子感兴趣，这会有效地促进孩子的专注力的提高。但刺激不宜过度，千万不要同时提供给孩子很多刺激，这样会让孩子过于兴奋，反而适得其反。

为了培养孩子的专注力，您可以用以下游戏来尝试训练：

（1）坐滑板车

让孩子盘腿坐在滑板车上，双手紧紧抓住车的把手，然后家长推拉滑板车，向和孩子身体方向一致或相反的两个方向。

【讲解】孩子在滑板车上要根据车子的运动方向和速度来调节身体的平衡，有助于提高孩子的专注力。

（2）托物走路

给孩子一个塑料托盘，在上面放上几颗大枣或是几个苹果，让孩子从房间的一端走到另一端，转过身子再走回来。

【讲解】由于平衡能力还不是太好，孩子在托物走的时候很难做到控制好手中的大枣或苹果。这个游戏不但训练了孩子的平衡能力，让孩子在游戏中学会眼手协调和身体姿势的协调，为孩子有很好的控制能力奠定了基础，同时也有助于提高孩子的专注力。

（3）钓鱼

给孩子玩具鱼竿，上面有磁铁。家长帮助孩子把磁铁吸在小鱼的嘴上，然后让孩子拉鱼竿把小鱼从盆中钓离，最后把鱼放在一旁的篮子里。家长帮助宝宝把鱼取下来，再反复做，边钓边数数。

【讲解】这个年龄段，孩子的眼手协调性还没有发育特别好，需要家长帮助把游戏完成。孩子能很好地控制很长的鱼竿在一定范围内移动就非常不错了，游戏不但训练了孩子的手控制力，同时也提高了孩子的专注力。

（4）轨道开车

让孩子试着推着小车在地上沿某条轨迹走。比如，让孩子推小车沿篮球场的白线走。

【讲解】孩子推小车在线上走，需要较好的手眼协调能力，同时也需要长时间的专注。

（5）里面有什么

家长准备小蜡丸，在小蜡丸内装线，把小蜡丸装入小盒子中，再把小盒子装在拉链袋子里。引导孩子找找里面有什么，打开以后让孩子拉线甩甩蜡丸。

【讲解】孩子一层层打开包装物的过程就是培养孩子专注力的过程。1岁半左右的孩子，随着智力和身体活动能力的增强，这个时期是探索欲望最强的时期，对事物的专注程度不高，这是正常的现象。游戏除了能提高孩子的动手意识和动手技巧，更能提高孩子的专注力。专注力不是指孩子能安静下来听家长讲话，而是指孩子对一个事物集中精神的程度和时间。

生活中您还可以这样做来提高孩子的专注力：

用生动的语言或动作给孩子讲故事；

和孩子玩折纸游戏；

让孩子帮助您收拾小东西。

小孩“多动症”是怎么回事

多动症也被称为轻微脑功能障碍，它的发病率在3%～7%左右，主要特点是：

学龄儿童男孩比女孩多；

婴儿时期表现为吃奶不感兴趣，哭时强烈的挣扎，身体扭转不停；

多动、不安静、乱摔乱扔东西，不合群、爱发小脾气；

有些孩子易冲动、情绪不稳定、自我控制力差；

智力正常，但学习不太好。

患有多动症的孩子是非常少的，家长不要随意怀疑，也不要给孩子造成任何心理压力。

致家长的话

孩子是好动的，孩子的身心处于高度地发展之中，我们不要把孩子静固在某个活动中，而应该让他活动起来。

3. 遇到了喜欢重复做事的“傻”孩子

您可能看见过这样的情景：

沙滩上，一个孩子拎一只小桶拿一个沙铲，他不停地往小桶里铲沙，装满后又倒出来，然后再装满，再倒出……

宝宝的儿童房里，他用小积木搭高楼，您很希望他可以搭高一些，但他往往是搭上五六块，就把高楼推倒，然后再重搭，乐此不疲……

在孩子的成长过程中，您会发现他经常会有这样“莫名其妙”的重复性行为。您怎么也不明白，孩子为什么喜欢反复做一个很“简单”的动作？

●相关提示 幼儿需要参与到各种积极的活动中进行学习并掌握概念。在这样的学习过程中，他们需要通过对游戏材料或动作过程的反复体验，来探索和试验这些新概念，或是渗透他们暂时不能理解透彻的概念。同时，“重复性”的学习和自我锻炼，也是幼儿自发地提高某种身体能力（运动能力、手部精细动作）并进行独立学习的过程。比如，当幼儿掌握跳跃动作以后，他会反复练习，直到他能很随意地跳起。

在这里要特别指出：幼儿重复性学习过程是幼儿自发的独立学习过程，他和我们成人鼓励孩子反复练习某种能力的过程是不同的。前者是自发的、主动的，而后者则是诱导的、被动的。在宝宝的学习过程中，二者是伴随孩子的成长的。

因此，家长要正确地理解孩子的重复性行为其实是进行独立学习的过程，还应该在孩子进行这种重复的独立性学习过程中给予支持和帮助。

您能很好地帮助孩子增强他独立学习的能力吗

当您看见宝宝反复地做一个动作，或重复完成一件“工作”时，您会：

A. 用其他玩具或事物转移宝宝的注意力，巧妙地终止孩子这种“无聊”的行为。

B. 询问孩子到底想干什么，然后帮助孩子完成。

C. 尽量不打扰宝宝，让他尽可能自己单独操作。

【分析】A. 您是一位不太会帮助宝宝巩固学习能力的家长。您以您的学习方式来判断宝宝这样的行为是“无聊”或“无用功”的行为，说明您不太了解3岁以下婴幼儿的学习特点。您需要学会在以后的时间里欣赏宝宝的重复探索行为，让宝宝在自己独立地、反复地探索过程中感知信息、增强能力。

B. 您是一位很关心宝宝的家长，但您的做法却不会被宝宝喜欢。您很想帮助他，而他可能根本不“买账”，甚至会因为您太过主动的帮助而感到烦躁，因为您打扰了他的独立思考和探索。宝宝的反复探索行为，并不一定代表宝宝想获得什么更新的结果，很可能宝宝是在渗透一些他没有理解的信息，也可能是在验证自己的某种能力。您不要去打扰他，让他一个人慢慢地来。

C. 您是一位很懂得让宝宝独立学习的家长。宝宝的学习是需要反复的，通过这些过程，宝宝增强了自己的某些能力，也巩固了对一些概念的理解。如果您能在一段时间以后再次引导孩子玩同样的游戏，效果会更好。

可以给孩子做的游戏

（1）将线穿过纽扣

给孩子纽扣和带子，要求孩子穿进去并且学会拉线。等孩子熟练了穿纽扣的动作，您提供两颗相同孔状的小纽扣给孩子，引导孩子用线同时穿过两颗纽扣。在穿之前可以帮助孩子学会对齐纽扣孔，然后再一起穿过去。

【讲解】孩子学习用线穿纽扣并且能拉线需要有较强的双手协调能

力。一般来说，孩子做事情不会考虑完整性的，以为一颗纽扣穿进去就可以穿另一颗了，往往一松手，纽扣就滑出来了。或者，有的孩子因为费力，没耐心完成穿纽扣，然后放手去做其他的事情，同样也不能完成。这个游戏是需要孩子反复练习的。

（2）拉绳取物

在孩子面前放几样玩具，其中红色的玩具用红色的绳子拴，绿色的玩具用绿色的绳子拴，把绳子交叉放置，先让孩子反复拿同一样东西，反复几次以后，帮助孩子发现规律，清楚同颜色的东西被相同颜色的绳子拴着。然后您可以增加更多的东西，在放置的时候故意把线弄得很乱，让孩子去拿××东西，看孩子能不能拿对。

【讲解】同颜色的事物被同颜色的绳子拴着，孩子看见绳子就能联想起相同颜色的事物，这是训练孩子掌握色彩的对应关系。通过建立红—红的相同概念，从而建立绿—绿等其他颜色的对应关系，通过这样反复的练习培养孩子举一反三的学习能力。

（3）听儿歌做动作

妈妈可以经常反复给孩子念同一首儿歌，并在儿歌容易识记的部分增加动作，刺激宝宝对儿歌声音信号做出动作，比如“小脚踏踏、小手拍拍”（磁带《踏踏步》）。

【讲解】建立语言和肢体动作的关系，进一步增强孩子理解以及用动作表达的能力。这个阶段的儿歌和动作就不再是节奏过于缓慢的了，需要家长给孩子有一定节奏的训练并做些稍微复杂的动作。

（4）多米诺骨牌

家长帮助孩子排排，看看谁排的一推可以全部连着倒下。交给孩子自己尝试吧！

【讲解】这是一个较难完成的涉及平衡、专注、距离以及知觉的综合训练游戏。孩子通过这个训练，提高了眼手的协调性和手的控制能力。孩子从推倒骨牌的一瞬间可以得到快感，而为了这一短暂的快乐要做出很大的努力，在搭的过程中，一不小心骨牌就会倒，家长要告诉孩子不怕失败，坚持就是胜利。孩子的坚强意志就是在“坚持一会儿”中磨炼出来的。要使骨牌能一个接一个倒下，又需要有准确的空间距离感，这个游戏需要家长耐心引导，对培养孩子的情商很有益。尽管多米诺效应的物理原理孩子理解不了，但在游戏中，孩子能够感知，一个东西的变化会引起一系列的变化。

（5）螺丝配对

给孩子至少3对不同形状的螺丝（配对螺丝螺母和螺栓颜色要一样），3对螺丝的颜色要各不相同，把螺母和螺栓分开，让孩子找到合适的配在一起。

【讲解】2岁左右的孩子对事物的不同形状的对应关系已经有了一定的认识。在考察孩子识别并摆放板块的能力测试中，尽管大部分孩子不能准确完成，但都能反复尝试并最终放进去，这说明孩子已经有图形对应意识了，只是图形识别能力还需要提高。游戏的目的是让孩子在有颜色的暗示下独立完成配对，希望家长在游戏中减少直接指导。

为了更好地帮助孩子进行独立学习，在生活中您还应该这样做：

学会欣赏孩子的反复探索行为；

一段时间以后可以创建游戏环境，帮助孩子反复玩耍或操作一下曾经掌握的事物或玩具，观察孩子几次探索有什么不同；

鼓励孩子独立操作，尽量减少帮助；

不可以强迫孩子按照您的意图来反复练习某种能力，一定要尊重孩子自己的规律。

致家长的话

孩子有孩子的学习方式，成人有成人的学习方式。孩子是改变自己以适应环境，而成人则是想努力改变环境来适应自己。出发点是不一样的。

4. 面对宝宝的“无理哭闹”

宝宝太爱探索了，尽管您多次地告诉过他这个危险、那个不能动，但他还是可能对您的警告“置之不理”。如果是不太危险的东西也就罢了，问题是孩子很可能正在玩一件特别危险的东西，比如刀子，或是洗便盆的草酸等。这个时候，您只有采取强制手段及时地从宝宝手中“抢”走危险品并再次大声地强调“不能玩”。您的“突然举动”一定会吓着宝宝，他会哇哇大哭起来。您很想让宝宝多哭一会儿，让他记住，但又很心疼，怎么办呢？

家长如何处理问题

您已经告诉过宝宝不能玩厕所里的洁厕灵，并且强调了非常危险，但不小心还是被宝宝拿到了，您不由分说地抢走宝宝手中的洁厕灵，甚至还顺手打了孩子一下，以示“强烈警告”。这个时候宝宝会大哭大叫起来。对于宝宝的哭闹行为，您是怎么解决的？

A. 不理他，任他发泄，实在烦了就干脆把他放到卫生间里，留他一个人在那儿哭，让孩子长长记性，否则他以后还玩。

B. 好好劝说，再次告诉他这个东西很危险，不能玩。如果他还继续哭就任由他哭，冷处理。

C. 好好劝说，并以给糖果或玩具作为停止哭闹的条件，防止孩子哭得过激伤害身体。

D. 不理他，您在一边摆弄其他玩具，吸引宝宝自己参与过来，在玩游戏的过程中和他讲道理，并要求宝宝承认错误。

在您的生活中可能没有发生过和测试中同样的情况，但一定有过相似的情况，比如宝宝做了错事，您批评了他、甚至惩罚了他，他会哭闹；当宝宝的欲望不能得到及时的满足，无论您怎么解释他都不听，总是无理地哭闹……在面对宝宝的这种哭闹行为时，您是否也有和以上测试中相似的感受和行动呢？

对于宝宝的哭闹，您是怎么应对的呢？

（1）如果您的做法和A家长相似

您可能是一位缺乏耐心的家长，您的处理结果很可能是：宝宝以后不当着您的面玩，但他会背着您玩。而且，宝宝的性格会逐渐变得胆小，还会无缘无故地特别依恋您。这是因为，您的举动会让宝宝以为您不要他了，所以他会特别地依恋您，甚至会时刻地紧拉住您的衣服，不让您离开寸步。千万别这样做，您过激的行为让宝宝无法应对这突发的变化，他还太小！

（2）如果您的做法和B家长相似

那您需要的不是耐心，而是了解一点点教育的“技巧”。您的处理结果当然会让孩子记得，但您需要帮助孩子建立一种更合适的、积极的调节心理的方法。而不是任由宝宝自己摸索，有的宝宝会一直哭很长的时间，这样会很危险。

（3）如果您的做法和C家长相似

您的宝宝从此可能学会用“赖皮”的招数来“对付”您，一定要警惕了！同时也要提醒您，对宝宝的教育要做到坚持原则。

（4）如果您的做法和D家长相似

您是一位比较聪明的家长，宝宝不但学会了自我反省和自我判断，同时也学会了如何应对现实变化并做出相应的心理调节。如果您摆弄的玩具或游戏特别吸引宝宝，宝宝非常想参与，但他因为做错了事而又有些顾忌，就在这样的“思想斗争”中，孩子对自己的行为有了反省。

您知道该怎么做了吧！D家长的方式是最可取的一种方式。当然，在面对孩子的无理哭闹时，您还可以采取其他方式来处理。

面对孩子的“无理哭闹”，应该如何教育

您要忍住怒火，千万不要当时就大动肝火，否则，您的行为只会教会孩子在生气的时候也是这个样子，继而会使孩子的脾气越来越坏。

当孩子正在“无理哭闹”时，您没有必要马上跟孩子讲道理，宝宝在那个时候都比较激动，是很难听进去任何道理的。等他平静下来您再告诉宝宝他的错误，然后再给予适当的惩罚，教会孩子对自己的行为“承担责任”。

采取积极的方式分散孩子的注意力，比如开展新的游戏、播放孩子喜欢的卡通片等，千万不要采取消极的方式，更不要“恐吓”孩子——再哭就不要他，这样会影响宝宝的心理健康。

面对孩子的“无理哭闹”时，让他稍微哭一会儿再采取措施。

千万不要为了制止孩子的“无理哭闹”就给予不合理的承诺和物质刺激。

致家长的话

面对孩子的“无理哭闹”时，您一定要坚持自己的原则，但千万不要打孩子！

5. 给孩子容易获得“成功”的尝试

我们曾在昆明康慧培婴早期教育中心做过这样一个“测试宝宝问题解决能力”的游戏：

我们准备了一个“小房子”，“小房子”很轻，1岁以上的孩子就可以轻易地举起来；“小房子”的骨架都是安全的软塑钢材料，孩子的力量就可以轻松地让房子发生形变；房子的四周是网状的，孩子在里面可以看到外面而不会感到恐惧；房子的顶部有一个洞，底部有一个方形的洞，孩子可以从这两个洞口出来。

然后我们把孩子放到“小房子”里面，鼓励孩子从里面出来。

我们来看看，孩子们都采用什么样的办法出来——

有的孩子尝试把“房子”慢慢推倒，自己的身子也随着倒下，然后从顶部洞口爬出来；

有的孩子经过观察，托着底部的方形洞口，把“房子”举起来，然后从底部洞口钻出来；

有的孩子努力踮起脚，用胳膊撑住身体，然后慢慢地从顶部洞口爬出来；

有的孩子在惊慌之中，无意把“房子”弄倒，发现了出口，然后爬出来；

……

测试结果发现：虽然每个孩子采取的方法不一样，但大部分孩子都能从“小房子”里出来。而且再把孩子重新放到房子里的时候，大部分孩子都能尝试用新的方法从“房子”里出来。

在这里，我们不想说用哪种方法爬出来的宝宝“聪明”，只是想通过这个测试，向家长展示如何通过游戏手段来激发孩子尝试用不同的方法解决问题的能力。

如果可能，您也可以找一个大小合适的纸箱子，让您的宝宝试一试，看看他是怎么做的？

●**相关提示** 在上面的测试游戏中，孩子可以通过多种方式爬出来，让孩子在比较宽松的环境中获得多种尝试的机会，会促进宝宝解决问题的能力的提高。

所以，您应该提供一个宽松的游戏环境，使孩子可以去试验各种各样的想法。如果您给孩子提供的游戏有诸多的限制、有很多的规则，让孩子的尝试行为总出现各种“错误”或是“失败”，这样的游戏是不利于孩子解决问题的能力的发展的，同时会打击孩子的自信心和继续尝试的积极性。

让孩子容易获得成功的游戏环境和游戏方式，会帮助孩子形成健康的、积极的学习方式，让孩子在游戏中建立自信。

可以给孩子做的游戏

（1）拿棒棒糖

您准备一个普通的放卫生纸的塑料纸桶，再准备一根棒棒糖和一根绳子。然后您把棒棒糖拴在绳子上，把糖放在卫生纸桶里。您最好将绳子绑在糖的中心位置，这样一拉绳子，糖正好可以平平地卡在纸桶的圆口上。然后把准备好的游戏材料给宝宝，鼓励宝宝把纸桶里的棒棒糖拿出来。

【讲解】通过设计巧妙的游戏，让孩子尝试用多种方式解决问题，同时提高孩子的空间想象力和思维能力。

（2）够东西

您可以把孩子想要的玩具放在高台上，在玩具上拴上绳子，把绳子垂下来，引导孩子去取玩具，但不要提醒孩子去拉绳，看孩子会不会通过自己的观察就能去拉绳子把玩具取下来。同时，家长还可以在孩子的手边放一件可以利用的工具，比如衣架、

小棍子或小板凳，引导孩子用工具拨下来或搬小板凳踩上去够玩具。如果孩子自己不明白如何去做，家长可以使用工具做一次示范，但不容许手把手地教。

【讲解】学习使用工具不但能帮助宝宝建立间接思维，而且在游戏中还能帮助宝宝逐渐掌握解决问题的方法。1岁以后的孩子已经有了看动作就能理解动作事物相关联的思维能力，所以要求家长尽可能是肢体动作的示范，而不要过多地进行手把手的指导。

（3）绕绳子

把绳子两端绑在孩子手腕上，让孩子把绳子从身前绕到身后来。看孩子能否自己完成，然后您再做示范，如何把绳子从脚下绕过来。在游戏过程中注意绳子不要甩在其他小朋友的身上。

【讲解】游戏能帮助孩子学会如何解决问题，促进孩子肢体动作的协调发展。游戏中，孩子可能不配合，会大哭起来，家长不要强迫孩子。

（4）摘水果

您可以在屋子里拴一根绳子，在绳子上拴一个篮子，篮子里放一些水果，让孩子手扶篮子能稍稍跳起一些，把水果够下来。您也可以在四周放一些板子，看孩子是否会动脑筋把板子垫在脚下把水果够下来。

【讲解】2岁以上的孩子大部分是能够跳起来了，但孩子的跳跃却非常地吃力，往往跳起后还没有原来高，而且上身还比较紧张，要想跳起来并伸手去够水果是非常难的。所以我们准备了一些可以帮助孩子的工具，但家长不要提示，看孩子是否能够发现。游戏的目的既锻炼了孩子的跳跃能力，又培养了孩子解决问题的能力。

怎样给孩子提供宽松的游戏环境

在宽松的游戏环境下，孩子会尝试通过各种方式解决问题，这对于宝宝独立性的发展是特别重要的，所以您应该注意以下几个方面，以创设适合的环境帮助孩子成长：

提供的游戏要适合孩子的认知和动作能力的发展水平；

提供的游戏要有多种解决方式，以鼓励孩子进行多种尝试；

游戏材料要保证最大程度的安全，可以让孩子独立操作；

尽可能不提供帮助。

生活中经常提供这样的机会，让孩子想想“还有什么办法”。

致家长的话

不要以为孩子长大了就会自己解决问题，我们要让宝宝成为独立的人，让他会独立地思考、独立地学习、独立地解决问题……这个需要您从宝宝很小的时候就开始培养。

6. 当孩子问您“为什么”的时候

孩子对任何东西都有好奇心，但有好奇心并不代表孩子会思考问题，只有当孩子对好奇的事物或现象提出问题的时候，那时真正的思考才开始。

所以，当您的孩子提出“为什么”的时候，您千万不要敷衍了事、草率回答，孩子已经会思考问题了。

您能很好地为孩子解答问题吗

如果孩子问您：“汽车为什么能跑？”您会怎么回答？

A. 汽车肚子里有一个发动机，发动机最喜欢吃汽油，吃完汽油以后它就开始工作了，它会告诉车轮子转动，车轮子一转动汽车就跑起来了。

B. 汽车要吃东西，吃完东西汽车才有力气，车轮子转得动，汽车就可以跑了。

C. 因为汽车有轮子，有轮子当然就可以跑了。

【分析】如果您的回答是A，您的回答比较符合认知程度稍强一些的宝宝。您能用宝宝的语言把复杂的科学道理讲解给宝宝，尽管宝宝不知道什么是发动机，但通过您的解释，宝宝基本能理解汽车工作的原理和程序，这样的解释比较符合科学精神——严谨、真实。您的回答不但满足了宝宝的好奇心，同时也给宝宝留下了可以探索的空间。随着他学习能力的提高，他会主动去寻找关于“发动机”的信息。

如果您的回答是B，您的回答是最符合绝大多数孩子的认知水平的，也是孩子最可以接受的一种方式，因为您用孩子的语言解答了他的疑问。而且在您的回答里，您还能用最简略的语句表明汽车工作的过程。但要提醒您，在引导孩子进行科学学习时，首先要注意应尽可能使用科学用语，回答应该更合理一些，让孩子对一些科学概念的理解一步到位。

如果您的回答是C，您是一位不太善于回答孩子问题的家长。您的解释太肤浅，没能很好地解释为什么，也没有阐明科学原理。可能孩子还会接着问，您千万不要敷衍了事。

孩子的问题千奇百怪，他会问“为什么”、“怎么样”、“是什么”……

孩子的每一个“为什么”都是孩子对事物缘由或目的的想象；每一个“怎么样”都是孩子对事物发展过程与机理的思考；每一个“是什么”都代表了孩子对新事物的好奇和探索……不管用什么办法，当面对孩子的各种提问时，您都要尽可能回答。

如何回答孩子的提问

您的回答要做到科学、严谨、合理，符合孩子的心理和认知水平。

在回答孩子问题的时候尽量使用规范用语，语气要适合孩子，语速要放慢一些，在讲解答案的时候可以借用一些动作。

如果对孩子的提问您不清楚的时候，您可以告诉孩子“我也不知道”，然后您应该引导孩子一起去寻找答案，不是敷衍了事。要培养孩子“打破沙锅问到底”的精神。

如果孩子的问题太多，您觉得有些回答不过来或感到烦躁的时候，您千万不要抱怨宝宝，更不要说：“烦死了，你怎么那么多问题？”这样会打击孩子思考和学习的热情。您可以这样说：“这是今天妈妈回答你的最后一个问题，我们还有很多事情要做呢？明天再开始。”这样既不伤害孩子，也没有打击孩子的热情。

如果有条件，在您回答问题的时候，您可以采取操作游戏材料的方式帮助孩子理解答案。

在回答某些问题的时候，家长首先要判断一下，依据孩子的认知水平、操作能力及相关经验，孩子能不能解决或回答这个问题。如果可能，您最好不要直接回答孩子的问题，而应该引导孩子自己去寻找答案。

致家长的话

当孩子会问“为什么”的时候，您身上的教育责任就更重了，您需要为了回答孩子的问题赶快“充电”！

7. 您会和孩子说话吗

语言是进行交流的载体，是人类区别于其他动物的标志之一。如果没有语言，宝宝如何和外界进行交流？您又如何了解宝宝的需求？宝宝又如何知道您的愿望呢？

2岁左右的宝宝能说很多话了，即使他不能很好地用句子来表达，但他基本是能理解您的意思了。可有的时候，您会发现宝宝似乎“听不懂您的话”，这是怎么回事？

“拿拖鞋”

首先，请您把鞋架上的鞋、卫生间里穿的鞋、卧室里穿的鞋收整齐放在它们原来的位置上。您下班了，觉得很累，坐在客厅沙发上休息、看电视或吃水果。接下来，您想去洗澡，想让宝宝帮您去卫生间里拿您洗澡时穿的拖鞋，您会怎么对宝宝说呢？

A. 宝贝，拖鞋（用手指示强调），帮妈妈拿双拖鞋！

B. 宝贝，妈妈想去洗澡，帮妈妈拿双拖鞋，好吗？

C. 宝贝，去那儿（手指卫生间方向），帮妈妈拿双拖鞋，好吗？

D. 乖宝贝，您能帮妈妈一个忙吗？（得到答复后再继续）妈妈想去洗澡，你帮妈妈去卫生间里拿那双小狗的塑料拖鞋，好吗？

在平时生活中，您一般采用类似哪种形式的沟通方式？您的宝宝能理解您的意思，并完成您给他的任务吗？

您和宝宝说话的方式正确吗

（1）如果您经常用A模式和宝宝说话

您可能会发现，宝宝有的时候会不理您，对于您下的命令全当“耳旁风”。尽管您可能会重复而耐心地说几次，但效果不佳。您只好自己动手了。您可能会在合适的时候教育您的宝宝：“妈妈给你买好玩的玩具，给你买好吃的果冻，你帮妈妈拿双拖鞋都不愿意？！这可不是乖宝宝！”即便有这样的“事后总结教育”，效果又如何呢？是不是效果也不明显？这是什么原因，是您的宝宝没有爱心，还是听不懂您的话呢？

其实，更多的原因不在宝宝，而在您的说话方式上。因为您的语言里缺乏对孩子的尊重和鼓励，而您的“事后教育”里又有太多的抱怨。孩子是不能理解他有什么“义务”的，他需要的是鼓励和参与的兴趣。

在这里要提醒您，您可能在其他事情上也有同样的情况，记得要尝试去鼓励孩子！

（2）如果您经常用B模式和宝宝说话

您可能会发现，宝宝有时会出现执行的错误，他可能会给您拿来一双其他的鞋，或是拿了卧室里的软拖鞋。这时您就会反复强调：“妈妈要洗澡，你想想，应该去卫生间里拿洗澡穿的拖鞋啊！”是孩子听力有问题听不懂您的话吗？

不是，是您下的命令语意不清晰、语言信息太少，孩子一时不能判断去拿什么，去哪儿拿，所以出现了执行的错误。对于3岁以下的宝宝来说，通过直接的口语去快速判断后面隐藏的信息是非常困难的。

同时也要提醒您，您平时和宝宝说话时词语可能有些贫乏，给宝宝的语句太简短。这样下去，您宝宝以后的语言表达能力和写作能力会受到影响！建议您要习惯使用长一些的复杂语句和宝宝说话，如果宝宝听不明白，您可以重复几次，但不要拆成短句或是词语来表达意思。

（3）如果您经常用C模式和宝宝说话

虽然宝宝能很好地完成您的任务，但您可能会发现，宝宝平时和您说话的时候，也喜欢用大量的肢体动作来表达他的意思，而不是用语言来表达。有的时候表达不完整，或是大人不太理解他的意思，他就会非常着急，还可能会结巴。这是什么问题呢？

这种现象在许多家庭中都曾出现。原因是您把孩子的言语理解能力弱化了，长期用肢体动作、眼神暗示等形式配合语言来表达意思，孩子也就养成了这样的习惯。随着孩子的成长，所要表达的意思会越来越复杂，这类型的孩子就会出现语言表达的障碍。

所以，针对2岁以上的宝宝，当您和他讲话的时候，建议您尽可能减少肢体动作。

（4）如果您经常用D模式和宝宝说话

您的宝宝不但很乐意接受您的任务，还会完成地比较好。因为在您的命令中，您首先尊重了孩子的意愿，然后用孩子容易感兴趣的话题（小狗），激发了孩子参与的兴趣。

同时您可能还会发现，宝宝的语言表达能力也比较强，甚至会使用比较长的句子来表达他的意思，他经常会使用一些您没有教过他的词语来表达他的意思，尽管有的时候他表达得并不那么贴切，甚至是风马牛不相及。但没有关系，您需要做的是耐心地倾听，等把孩子的意思听明白以后，用更标准或更贴切的语言帮孩子总结。这样，孩子的语言能力就会得到更大的发展。

●**相关提示**　在语言发展过程中，句子的理解先于句子的产生。2岁左右的宝宝进入到口头语言发展的敏感期，语言理解能力也发展到了长句理解阶段。这个阶段，您在和他说话的时候要特别注意使用适合的表达方式促进宝宝语言能力的发展：

禁止用娃娃语，比如吃饭饭、喝水水等。

不能把完整语句拆散成词汇来表达，比如，“香蕉，苹果，宝宝，吃这个，那个？”应直接使用规范的、完整的语句，比如“宝宝想吃香蕉还是苹果？”如果您考虑到孩子太小可能听不懂长句才这样做，那您可以多重复几遍，或使用的句式长度或难度略高于宝宝的理解能力，但不要拆句子。

规范语言，不要模仿孩子说话。孩子的语言表达能力是有限的，比如他表达开灯的时候，可能会说“亮亮灯灯”，打电话会说成“叮叮话话”。这些不规范的语言形式是孩子语言能力尚未成熟造成的。如果您在表达这些意思的时候也采用同样的方式，就会起到不良的影响，让孩子以为他的表达是正确的。

减少肢体言语表达形式，尽量使用口头言语来表达。在孩子难以理解的时候再适当地配合以肢体动作。

在和宝宝说话的时候语句要清洗、连贯、易懂，不要使用复杂的词汇。

致家长的话

用适合的方式和宝宝对话，宝宝会更容易理解您的意思。

8. 如果您“打”了孩子

在宝宝的教育过程中，您不是每个时候都可以做到应付从容、心态平静的。如果您因为宝宝做了错事“打”了他（当然不是太厉害），您除了要在事后反省，还应该给宝宝的心灵做一些“补偿”，以帮助宝宝应付这样的“突发”事件。但补偿也是有原则的，不是毫无条件地满足宝宝的要求，您可以尝试让宝宝做做下面的游戏。

●**相关提示**　宝宝学习控制或调节情感是非常重要的。宝宝在很小的时候就有自我安慰的方式，吸吮大拇指或运用依恋物是他们控制情感的最初表现。1岁半左右的宝宝就可以通过游戏的方式来学习控制情感了，他们会通过观察别人的各种情感的表达来学习正确的表达方式，然后再通过练习不断地完善。同时，宝宝还可以通过游戏去补偿他们感受到的失败、痛苦和挫折等，以减轻他们的心理压力和不安情绪。

总之，如果您采用了不合理的解决问题的手段给孩子造成了心理伤害，您应该及时地教孩子合理的心理调节的方式，而不要以为孩子太小、没有关系、长大了就会明白家长的“苦衷”。这样下去，可能会让孩子产生心理障碍。

帮助孩子走出心理困境的游戏

（1）扔球

带宝宝到海洋球池，或给他准备尽可能多的球，让宝宝用力把球向四周的墙扔去。不要规定扔的方向和目标。甚至可以让宝宝把球扔到您身上，或者是你们互相对扔。

【讲解】帮助宝宝学会合理的发泄，并在游戏中增强亲子交流，让宝宝意识到您是爱他的，愿意和他一起玩游戏并获得快乐。

（2）搓泡沫

找两块泡沫板，您和宝宝一起搓泡沫。把搓出的泡沫再用嘴吹开，反复玩耍。

【讲解】帮助宝宝学会调节心理，增强亲子关系。

（3）拍水

带孩子到浴缸里或是游泳池里，教孩子用手猛力地拍打水，直到拍出水花来。也可以给宝宝一个工具，让孩子拍打水面。

【讲解】通过适宜的方式，让孩子合理地表达自己的愤怒和挫折。

（4）批评洋娃娃

用孩子的毛绒玩具或是洋娃娃当道具，您先象征性地示范给宝宝看如何批评洋娃娃，您可以轻轻地拍打娃娃说：“你今天不听话了，你拿了××，多危险！让哥哥打打你的屁股。”然后把娃娃给宝宝，让宝宝打打娃娃的屁股。最后，您可以向宝宝提问，“娃娃今天乖不乖？为什么要打她？”

【讲解】通过游戏让孩子学会转移情感压力，降低心理压力，还可以反省自己的错误。

（5）鼓手游戏

给孩子准备不同的材料，有奶粉罐、碗、盘子、木头块、橡皮泥等，再给孩子两根小棒子或筷子当鼓槌，让孩子随意敲击。游戏过程中不要表示出对孩子的烦躁，但也没有必要表示欣赏和鼓励。让孩子自己玩，直到他结束游戏。

【讲解】让孩子通过敲打不同物体的方式，帮助孩子发泄他的委屈、愤怒或是不安。

除了您过度的“惩罚”会给孩子造成心理伤害外，有些事情也可能会导致孩子的不安、挫折或是愤怒。这时候，您可以利用游戏的方式帮助宝宝减轻心理压力，调整心情。

●**相关提示**　孩子在什么时候可能会出现不安、愤怒、失败或是受挫的情绪：

被家长，老师责备、批评或是惩罚以后；

自己心爱的玩具或是其他东西被家长“强行”拿走，或被其他小朋友“夺”走；

进入某个孩子感觉“恐惧”的场所，比如医院、非常黑的地方；

和亲人离散，比如被送进幼儿园或在街上与家人走散；

突发的事故，比如突然跌倒、烫伤等；

愿望或要求不能获得满足时，比如在商场里，宝宝想要某个玩具遭到了妈妈的拒绝；

看见父母争吵或是特别混乱的场面。

以上这些情况都可能会让孩子产生不安、愤怒、失败或是受挫折的情绪。

致家长的话

尽管您明白很多教育的道理，您知道不能用“武力”教训宝宝，但您也可能会有控制不住自己情绪的时候。您除了要反省自己的行为，还应该及时地帮助宝宝走出“心理困境”。

第二章 塑造健康的宝宝

在孩子的成长过程中，全天下的父母都期盼自己的宝宝健康。什么是健康？没有疾病就是健康吗？当然不是，真正的健康不但要求身体健康，心理也应该健康。

1. 您的宝宝“健康”吗

宝宝是全家的太阳、全家的中心，从他降生的那一日开始，您最关心的可能就是他的健康。您害怕宝宝生病、宝宝不好好吃饭的时候您会特别着急，您向周围的朋友、长辈讨教喂养宝宝的方法；如果宝宝身体有什么不适，您会着急送他上医院；天气变化了，您会给宝宝换上合适的衣服防止生病……总之，宝宝的健康成了全家人的头等大事。

您的宝宝“健康”吗

①宝宝一天的睡眠、饮食、大小便等生理性活动是否有规律？

A．有　　B．有的有规律，有的没有规律　　C．没有

②宝宝经常生病吗？

A．很少生病　　B．大人不注意的时候就容易生病　　C．经常生病

③宝宝平时穿的衣服和大人相比

A．任何季节都差不多厚薄

B．天热的时候差不多厚薄，天冷的时候就厚很多

C．害怕宝宝生病，任何季节都穿得比较厚

④宝宝的脸色是否红润有光泽？

A．宝宝脸色很好

B．脸色还可以但没有光泽

C．宝宝脸色偏黄，且无光泽

⑤宝宝挑食吗？

A．不挑食，什么都爱吃　　B．有几样东西不爱吃，其他的还可以

C．太挑食，不喜欢吃正餐，喜欢吃零食

⑥对于新的事物或进入新环境的时候，宝宝的表现是：

A．马上就会喜欢新事物并适应新环境

B．有大人陪同的情况下可以适应

C．非常害怕新事物，特别胆小

⑦宝宝经常会局促不安、显得特别烦躁吗？

A．很少出现　　B．生病的时候才会出现　　C．经常会有这样的情况

⑧宝宝常常会担忧许多方面的事情，像个“小大人”吗？

A．从来就没有过　　　　B．他会担心他的东西，比如喜欢的玩具

C．不但会担心自己的东西，还会为大人担心

⑨宝宝常常会表现出可怜、不愉快、哭泣或痛苦的表情吗？

A．不会，宝宝很快乐　　B．受到挫折的时候才会这样

C．经常会这样

⑩宝宝常常吸吮手指或咬手指甲吗？

A．没有这种情况　　　　B．睡觉前或是特别紧张的时候才会这样

C．经常会这样

【评分】A—2分；B—1分；C—0分

【分析】总分超过14分的宝宝，非常健康！

总分在6～14分的宝宝基本健康，但您需要关注宝宝各方面的健康发展状况。

总分低于6分的宝宝，您需要请医生或专业的心理医师给宝宝做一次全面的检查。

●相关提示　过去，人们通常以为健康就是指身体的健康，只要孩子不生病就是健康。而在今天，一个真正健康的人，不仅指身体的健康，同时也包括心理的健康。现在，不少独生子女存在心理障碍，这就是家长忽视孩子心理健康的后果。科学研究和教育实践表明，心理健康与否对儿童的思想品德、智力和学习有很大的影响。心理健康和身体健康同是孩子成材的基础，缺一不可，古今中外有成就的人无不具有健康的心理。为此，家长千万不可忽视孩子的心理健康。儿童的心理健康有以下几个标准：

具有与年龄相符的认识水平和智力水平；

活泼乐观，情绪稳定，注意力集中，有求知欲和兴趣爱好；

有自尊心、自信心，能与他人友好相处；

有较强的承受能力，能适应环境的变化等。

如何培养一个心理健康的宝宝

心理学家经过长期研究认为，帮助孩子在很小的时候奠定良好的习惯和行为模式非常重要，它有助于孩子成人后有健全的人格和健康的心理。您需要注意的是以下这些问题：

不要过分地关心或夸奖孩子；

不要贿赂孩子或过分地强调物质奖励；

不要勉强孩子做他不能胜任的事情或是他不感兴趣的事情；

不要对孩子太严厉、苛求甚至打骂；

不要欺骗和无谓地恐吓孩子；

不要对孩子喜怒无常；

帮助孩子解决困难，而不是代替他们解决困难；

给孩子做榜样。

致家长的话

真正健康的宝宝应该是身体和心理都健康！

2. 您是合格的“健康卫士”吗

宝宝的健康是需要您的呵护的，需要您从饮食上、身体上、心理上等很多方面给予宝宝无微不至的关怀。您也许会有抱怨：“养个孩子真不容易！”但您还是深爱自己的宝宝的，还是愿意担任宝宝的“健康卫士”。

您是合格的"健康卫士"吗

①您怎么安排宝宝每天的户外活动？

A. 无论什么情况，都至少会让孩子进行一次户外活动

B. 如果天气不好或是孩子生病，就不让孩子外出了

C. 很少让孩子进行户外活动

②您怎样安排宝宝平时的饮食？

A. 宝宝大了，基本让他和我们大人吃得一样，再增加一定量的奶

B. 经常给孩子吃专业的婴幼儿食品

C. 根据宝宝的喜好特别制作，好让他多吃一点儿

③对于宝宝经常玩耍的玩具，您是怎样清洗的？

A. 经常清洗并消毒　　B. 偶尔清洗　　C. 没有清洗过

④除了定期去医院或保健站做检查，您有没有自己的检查方式和相关的检查工具，比如经常给孩子称称体重、量量胸围等？

A. 经常这样做　　B. 偶尔这样做　　C. 从来没有

⑤您经常陪宝宝一起做游戏吗？

A. 无论多忙，每天至少陪孩子玩一会儿

B. 工作太忙，但坚持每周带孩子玩一次，去公园或是游乐场

C. 不一定，有时间就陪他

⑥家里的插头、桌子角、饮水机、抽屉有没有做过安全处理？

A. 每天都检查并做过安全处理

B. 告诉过孩子要小心，有的做过安全处理

C. 交代过孩子要小心，但没有做过安全处理

⑦您给宝宝购买衣物的时候最关心什么？

A. 孩子特别爱动出汗多，考虑衣服的质地和舒适感，纯棉、低领最好

B. 宝宝经常在地上玩，衣服一定要禁脏、耐磨最好

C. 宝宝还小，只要衣服合身就可以

⑧您用什么方式表达对宝宝的爱？

A. 经常拥抱或亲吻宝宝，并告诉他您很爱他

B. 借表扬宝宝的机会告诉孩子，您最喜欢乖宝宝

C. 也跟孩子说爱他、喜欢他，但很少有身体爱抚和接触

⑨宝宝摔倒以后，您会怎么做？

A. 鼓励宝宝自己站起来然后安抚他，并告诉他“虽然有点疼但没有关系，一会儿就好！

B. 坚持让宝宝自己站起来，告诉宝宝“要做勇敢的孩子”

C. 赶快抱起宝宝，并表示出特别的关爱和担心

⑩您生病的时候，宝宝要求您陪他做游戏，您会怎样处理？

A. 告诉宝宝您生病了，需要休息，还需要别人的照顾，并要求宝宝帮您做一点儿事

B. 告诉宝宝您不舒服，不能陪他玩，并承诺宝宝等好了以后一定陪他玩

C. 表现出特别烦躁的样子，让宝宝去找其他人玩

【评分】A—2分；B—1分；C—0分

【分析】得分高于14分，您是一位非常优秀的“健康卫士”。您不但能从身体上关心宝宝的健康，还能关注宝宝的心理健康，并能尽最大的努力创造一个健康的、安全的环境帮助宝宝成长。

得分在7～13分的您基本上是一位合格的“健康卫士”。您非常关注宝宝的健康，但可能关注更多的是宝宝的身体健康问题。您还需要了解全面健康的内容，不但要让宝宝身体健康，还要让宝宝有健康的人格和心理。

得分低于6分，您可能是一位“马大哈”似的“健康卫士”。尽管您非常爱您的宝宝，但有的时候，您对宝宝的健康问题是疏忽了。您需要反省您的问题了。

在宝宝的成长中要关注的健康问题

身体健康：包括对宝宝身体的检查、防治疾病、锻炼身体等。

饮食健康：包括帮助宝宝建立良好的饮食习惯、保持营养均衡等。

心理健康：给予宝宝足够的爱心，帮助宝宝建立良好的生活习惯和优秀的品质等。

环境健康：提供安全、洁净、环保的适宜宝宝成长的环境。

物品健康：保证宝宝接触的玩具、衣着等要安全、洁净、环保。

健康教育：给予宝宝健康的、正确的、安全的生活教育等。

您可能会忽视的健康问题

装修房子或购置家具的时候，要注意环保健康。

给孩子购买玩具的时候，要注意玩具的安全性。

宝宝的服装及相应的饰物要安全健康，不适宜给孩子佩戴饰物，也没有必要花太多钱买太贵的衣物，质地要好适宜活动穿着并经常清洗就可以。

心理健康的培养要适合孩子的实际年龄，不要以为严格就是最好的方式，在爱的基础上给予适时的品质和人格方面的培养也很重要，让宝宝学会关爱别人。

经常检查宝宝的生活环境，杜绝可能发生的危险。

致家长的话

为人父母真的不容易，在伴随宝宝享受快乐的同时，也饱尝了累、苦、烦和无奈……

没有关系，想一想，总的来说，有孩子还是快乐多一些。

3. 及时发现孩子的异常行为

作为一名0～4岁早期教育指导教师，在指导过程中我遇到过这样一件让人“心痛”的事情。

一个“不该发生的故事”

琪琪出生的时候比预产期提早了2个月，所以全家人都特别关心孩子的成长。琪琪从小就不太爱动，爷爷奶奶还“夸奖”琪琪是个“乖宝宝”。可到了2岁，琪琪还不会走路，爸爸妈妈有些着急了，每天都抽出时间来教孩子走路，教了2个月效果也不明显，爷爷奶奶就说“琪琪早产，什么都会晚一些的，该会的时候自然就会了”。爸爸妈妈一想也是，就没有引起重视。直到妈妈带琪琪参加亲子园游戏班时，在老师的叮嘱下，经过医生的检查才发现孩子有“脑损伤”现象，导致了不会走路，而这个时候对孩子进行干预治疗的最佳时期已经错过了。

在以后的指导过程中，我又陆续碰到过几例类似这样的事情，往往都是家长没有对孩子的异常行为引起重视耽误了孩子。每当我看着幼小的宝宝、看着着急的家长，我的心“痛”极了。在这里，我要提醒每一位家长，当您发现孩子有什么异常行为的时候，一定要及时地咨询相关人员，不要耽误了孩子的治疗时机。

异常的行走姿势，提醒您特别注意

正常情况下，1岁4个月以后宝宝就能行走自如了，绝大多数二三岁的宝宝不但能行走自如，而且他们已经可以进行跑步、跳跃等更为复杂的运动了，并将在一年内逐渐完善这些能力。

如果您的宝宝到2岁的时候走路仍有问题，您就必须立即带宝宝去医院检查并采取积极的治疗措施。导致宝宝不能走路的原因有多种，可能是脑神经方面的问题或是髋关节的问题，也可能有心理因素。2岁以后的宝宝可能会出现的异常行走姿势有：

自己不能单独站立，必须要大人扶或扶着物体才能站立。

宝宝自己能走路，但左右摇摆幅度过大，容易摔跤。

宝宝自己能走路，但在迈步的过程中可以看出脚尖有明显的方向变化。

扶着东西可以走得很好，但不扶东西的时候就不能自己走。

孩子不会走路，同时还伴随有语言滞后现象或智力落后现象。

当然，绝大部分孩子都是健康的、正常的，我们在这里仅仅是做一个“特别提示”。

如果您的孩子真有类似以上的情况，您也不要灰心，要有勇气面对问题，勇敢地帮助孩子迈开他人生的第一步。

如果发生以下情况，要特别注意观察孩子的异常行为

发生较严重的意外伤害：比如摔倒、跌落、碰撞等，尤其是头部受伤要特别注意。

孩子生病：比如高烧不退、抽风、用过一些特殊的药品。

经历过特别紧急的事件：比如受到惊吓、观看不适宜的电视节目、父母过激吵斗场面等。

有过窒息现象发生：这些窒息可能是因为哭闹、过于兴奋激动、疼痛、吃过大的食物等所致。

受到严重的挫折：突然和亲人离散、受到家长过于严厉的批评或是惩罚等。

以上这些情况，有的可能导致孩子大脑神经系统或身体受损，有的会导致孩子产生心理问题。当孩子可能经历过这些情况的时候，您要引起特别的重视。

您可能会发现的异常行为

宝宝出现痉挛或呕吐现象，两眼瞳孔不一样大或瞳孔对光没有反应。

如果宝宝睡着了，您感觉很难摇醒他。

手脚不灵活，容易跌倒，手中东西容易滑落。

脸色异常并持续一段时间。

突然默不作声，目光呆滞，性格变的胆小害怕。

异常地吵闹，很难安静下来。

睡梦中容易惊醒，清醒的时候异常地“缠”人，需要大人紧紧抱住。

语无伦次，发音不准，爱怪叫；眼神不敢直视其他人，显得非常地惊

恐不安等。

如果您发现孩子有这样的现象，您首先要做的是立即带孩子上医院检查，或进行积极地观测记录，并分析回忆哪些事件可能造成孩子的异常行为，然后主动地告诉医生或心理医生，以便采取适合的治疗方法。

异常行为不会像身体出血那样立即表现出来，它会延后表现，并持续一段时间，所以往往会被家长忽视。

致家长的话

孩子是那么弱小，他在成长的过程中可能会受到各种各样的伤害，您有责任保护好孩子，关注孩子，同时还要学会应对危险。

4. 教您几招“走路游戏”

1岁半以后的宝宝能走得很好了，当他们在尝试爬楼梯、双足跳、单足站立的时候，他们的肌肉运动能力也在继续发展着。所以，您不能简单地把“行走”看成只要宝宝自己会走路就可以了，应该在走稳的基础上，引导孩子完成身体的平衡训练、步伐控制训练、节奏训练等，为孩子运动能力的发展奠定基础。

可以给孩子做的游戏

（1）急转弯走

把户外的树、杆等物体当做转弯标志，也可以带孩子去有迷宫、隧道等设施的游乐场所。引导孩子做急转弯行走动作。

【讲解】训练宝宝的步伐控制能力。

（2）走小桥

用普通的书铺成一条“小路”，如果可能还可以垫高一点儿，也可以铺设成有弯道的“路”，让宝宝自己在上面走走。也可以利用户外的花台、比较窄的小坎引导孩子完成。

【讲解】训练孩子身体平衡的能力。

（3）躲开“炸弹”

家长准备至少5个球，告诉孩子这些是“炸弹”不能碰到它们。在孩子往某个目标物走的过程中，把球以不同的速度朝孩子滚过去，告诉孩子避开球，看孩子在行走过程中是否会迅速地调转方向。

【讲解】刺激孩子的身体感觉发育及快速反应能力。

（4）听节奏走

家长可以利用节奏比较明显的音乐，也可以自己敲鼓点，引导孩子模仿一些动物的走路。比如老猫走路，╳—|╳—|╳—|╳

【讲解】训练孩子的节奏感，肢体动作模仿能力和步伐控制能力。

（5）高低脚走路

给孩子的一只脚上绑上一个高5公分左右的东西，另一只脚不绑，引导孩子一只脚高一只脚低，朝目标物走去。

完成情况好的孩子，还可以让孩子端一个盘子，在盘子上放几颗大枣，看看大枣会不会掉出来。

【讲解】训练孩子的平衡能力和专注力。

（6）走走停停

您可以和孩子边念儿歌，边做走路的游戏。

“宝宝妈妈走一走，走过大门口，遇到一条老黄狗，吓得他们不敢走，停！”在念“停”的时候，您的声音要特别提高，表情要显得突然、兴奋。反复几次以后，孩子就可以记住儿歌，会很好地配合儿歌来完成对自己步伐的控制。

【讲解】用儿歌的形式训练孩子学会控制步伐，增强孩子的肢体控制能力。

宝宝越来越爱动了，您注意过这些问题吗

1岁半以后的宝宝有较强的运动能力，喜欢各种运动。这段时期，您要注意：

要给宝宝准备合适的鞋，不要图省钱给孩子穿大一号的鞋。最好不要买系鞋带的鞋，以免鞋带散落绊倒孩子。

这个阶段的孩子，他的上衣可以稍稍长些，以免活动时露出肚子着凉。但不要过于肥大，这样会给宝宝带来不便；也不要太小太窄，否则会影响动作的伸展。衣领不宜太高，以免影响孩子的呼吸，限制头部活动；最好穿背带裤，因为宝宝似乎没有“腰”，松紧带太紧会影响呼吸运动、骨骼发育；太松又怕裤子掉下来影响活动。

女孩不宜穿过长的连衣裙，最好穿儿童短裙，以免摔跤。

孩子的骨骼还处于发育当中，要经常观察孩子小腿的骨骼，发现变形要立即检查，并采取积极的矫正措施。

不宜让孩子行走过久或负重行走。

发现孩子走路出现“八”字脚时，要及时地矫正。

致家长的话

生命在于运动，健康在于运动。不要让孩子久坐不动，让他站起来、跑出去，沐浴在运动的快乐中！

5. 最“健康”的10种球类游戏

所有的孩子都有的一种玩具是什么？——球。

球类游戏是比较古老的儿童游戏，它不但可以训练孩子的手腕，还可以训练孩子手控制方向的能力，提高眼手的协调性，增强孩子的快速反应能力。而球的反弹特性，使孩子对事物运动方向的改变产生思考和认识，提高了孩子预测运动方向的能力。

精彩的球类游戏

（1）接抛来的球

和孩子相距一定的距离，轻轻地把球抛给孩子，鼓励孩子接住。这个动作较难，刚开始的时候，您可以扶着孩子的两只手帮他接住球，让孩子有成就感，激发他玩游戏的兴趣，多次练习以后再鼓励孩子独立完成。您和孩子之间的距离要根据孩子的完成情况进行相应的调整。

【讲解】训练孩子眼手的协调性和快速反应能力。

（2）接反弹过来的球

在上一个游戏的基础上，可以先把球扔在地上，让它反弹一下，再要求孩子接住。和上个游戏一样，您首先要帮助孩子完成，然后再引导他自己完成。

【讲解】提高孩子眼手的协调性，让孩子对事物运动方向的改变有一定的预测。

（3）学原地拍球抱起

有了接反弹球的技巧，您可以教宝宝把球往下拍，然后抱住球。2岁多点儿的宝宝是比较难掌握的，您可以把动作分解开，让宝宝在您的帮助下完成。比如您拍球，让宝宝抱球，或是让宝宝拍球，您抱球。反复多次，再教孩子连起来做。接近3岁的宝宝基本可以掌握了。完成情况较好的宝宝就可以教他连续拍球了。

【讲解】训练孩子有难度的连续运动的技巧。

（4）打保龄球

用家里的废易拉罐做靶子，让孩子坐在距离靶子2米以外的地方把球滚过去击倒易拉罐。观察孩子的滚球动作是否有方向性。

【讲解】促进孩子眼手的协调发展，提高空间感知能力。

（5）用脚推球

让宝宝在距离墙50公分左右的地方坐下，用胳膊在身体后面支撑地，放一个球在宝宝脚下，让宝宝先练习在原地用脚底板滚球，等熟练了以后，教孩子用脚把球踢出去，并尽可能用脚接住反弹回来的球。

【讲解】增强宝宝的下肢运动肌力和控制能力。

（6）对滚球

和宝宝相距2米以上面对面坐在地上，双腿分开。然后和宝宝互相对滚球。在游戏过程中，您应该配合球的滚动发出一些声音，增加孩子对游戏的兴趣。

【讲解】提高宝宝的手腕力量和眼手协调性，促进亲子关系。

（7）手指转球

准备一个与宝宝的手大小合适的花皮球，您先示范如何用四指配合拇指转动球，然后帮助宝宝完成；您也可以让宝宝模仿您尝试通过两只手的配合来转动球。在游戏过程中，您应该配合动作和球的转动发出一些声音。除了球，您还可以把其他的需要用手指转动的玩具给宝宝玩，比如陀螺、碾子等。

【讲解】增强宝宝手指的灵活性和力量，提高双手配合的能力。

（8）投球

先给宝宝可以单手握住的小球，教宝宝握球、过肩投掷。在适合的时候可以增加球的重量；然后再给宝宝必须要双手才能抱起的球，教宝宝抛球或是投篮。在游戏过程中，可以要求宝宝朝一定的目标扔出去。

【讲解】增强宝宝手臂的力量，提高宝宝身体的协调性和促进眼手的协调发展。

（9）“抢”球大赛

准备一些乒乓球和几把大一些的汤匙，把乒乓球放在洗菜的塑料筐里，您和宝宝每人手里再拿一个小碗。“比赛”开始以后，您和宝宝用勺把球舀到小碗里，看谁舀得多。您当然要让着孩子一点，如果有朋友的小孩来玩，让他们一起玩最好。需要注意的是，不要用较小的玻璃珠，容易发生危险。

【讲解】提高宝宝的手控制能力和眼手的协调性，帮助宝宝建立竞赛意识。

（10）“吹”球射门

准备一个乒乓球并用积木塔一个小门当“球门”，把乒乓球放在距离“球门”20厘米以外的地方。您先示范如何用嘴吹球进球门。然后鼓励宝宝尝试着做。宝宝进球的时候，您要及时地鼓励宝宝。这个游戏最好在床上或是沙发上做，桌子太光滑了，球会到处乱跑。游戏时间不宜太长，会影响孩子的健康。

【讲解】提高孩子的肺活量，增强身体素质。

●**相关提示**　在给二三岁的宝宝选购球时，要注意球的材质，不宜太硬，气不要打得太足，以免球反弹时伤着宝宝。

球类游戏容易让孩子兴奋，所以最好在午睡以后再引导孩子玩球类游戏，时间不宜过长。球类游戏最好的游戏场所是室外绿地。要根据不同的游戏，给孩子选择大小合适的球。

致家长的话

配合有游戏材料的活动会让宝宝更感兴趣，宝宝在这样的游戏中会得到更多的快乐和健康。

6. 感觉统合专页

家有“小暴君”

童童3岁多了，是一个非常帅气而且聪明的男孩，家里识图卡上的东西几乎都能指认出来，还知道字母A、B、C呢。童童妈妈介绍说，宝宝的认知能力非常好，不但认识很多事物，还能区别色彩、形状等。语言表达能力也不错，会背诵好几首诗。可最让妈妈头疼的是童童的脾气，稍微一不如意就生气发火。童童生气的样子很特别，先是对着人大声地嚷嚷，然后对着墙或地板嚷嚷。厉害的时候就自己揪自己头发，或坐在地上用头去撞墙或地板。无论妈妈怎么哄，就是停不下来，无法控制自己的情绪。而且童童特别容易生气，他一个人玩得好好的，如果有其他人从他身边经过，他就会生气。童童妈妈在面对“小暴君”的问题上也尝试了不少方法，但都效果不明显。后来经过指导和测试才知道，童童可能是感觉失调。

关于感觉统合的理论

感觉统合理论是由美国临床心理学博士爱尔丝提出的。感觉统合功能是指机体利用身体各个感觉通道，有效地获取信息，大脑对信息进行解释、分析、统合等加工处理，从而得出身体适应性反应。感觉统合功能是大脑高级功能发展的基础，也是智慧活动得以充分实现的基础，感觉统合训练的原理是通过控制信息的输入，从而促进大脑功能的发展。

感觉统合训练的主要通道之一——前庭觉，位于人体内脑干和脊柱的连接处，它是大脑信息的过滤器。人的高级学习器官主要在面部，比如口、耳、鼻、嘴等，当这些器官获得信息后，信息不是直接传递到大脑，而是先经过感觉统合器官把信息过滤、分类、整理，然后再传给大脑的相关部分。感觉统合失调的孩子就可能出现多动症、易怒、易躁等症状。

您的宝宝有感觉统合失调的现象吗

容易分心；

活动水平过高或过低；

冲动，不易使自己平静；

自我概念差，易出现行为问题；

对感觉的刺激反应低下或过度；

社会交往能力不佳，情绪不稳定；

动作笨拙，粗心；

肌张力不足，姿势不佳；

注意力转移困难；

言语、语言发展迟缓。

感觉统合失调，有时可能不明显，尤其在儿童当中，家长容易把问题归咎于其他原因。如“他固执，懒惰”，或“他不愿做”，或“她被宠坏了，怕羞，娇气”。感统失调的明显症状一般在孩子5岁左右时出现，但如果您的宝宝有以下这些情况，您就要提前引起重视了。以下因素可能会导致宝宝感觉统合失调：

中枢神经系统不健全：如发育迟缓，轻度大脑功能失常；

环境因素：环境过于嘈杂等；

早产或剖腹产；

活动空间狭小或过多依赖学步车，导致爬行不足或不会爬行；

过度保护或管束过严；

缺少同伴群体；

缺少户外活动和各种运动；

过早进行认知教育；

电视、游戏机成为儿童主要的玩具。

可以给孩子做的游戏

（1）推球

让孩子在距离墙面30～50公分的地方俯卧趴下，手抱球使劲把球推到墙上，等球反弹回来时就马上用手抱住。反复做多次。

【讲解】加强颈部肌肉的锻炼以及身体协调能力。

（2）滑滑梯

宝宝俯卧趴在滑梯顶端，两胳膊前伸，然后从滑梯上以俯卧的姿势头朝下滑下来。您要注意保护好孩子哦！从来没有做过相关动作的宝宝，不要一来就做。家长可以先引导孩子随意地玩滑梯，无论是坐着还是躺着，甚至是家长抱着滑下来都可以，让孩子先适应滑梯游戏，然后在慢慢引导孩子完成俯卧下滑的动作。千万不可以强迫孩子。

【讲解】滑下时双臂朝前伸展，双腿并拢头抬高。强烈刺激前庭体系，头部、颈肌同时收缩，促进身体保护伸展行为的成熟。

（3）跳跳床

让宝宝站在跳跳床上，双脚并拢蹦跳，跳起来时，尽可能要求宝宝膝盖弯曲，脚后跟踢至臀部。在家里也可以让孩子手扶床头栏杆完成同样的动作。

【讲解】强化前庭刺激，抑制过敏信息，矫治重力不稳和运动企划不足。

（4）刺痒痒

准备专用的按摩球，也可以用市场上同类的“刺猬球”代替。您先拿小球放在宝宝的手心和手背滚，然后再放到脚底滚，边滚边用夸张的表情和语气，告诉宝宝“刺痒痒了”，提高游戏兴趣。提醒您注意的是，着重要刺激孩子的手足部位。

【讲解】提供了丰富的触觉和嗅觉刺激，稳定情绪。

致家长的话

感觉统合失调的明显症状一般要在宝宝稍大一些才表现出来，所以对于3岁以前的宝宝，家长不要一觉察孩子有提示中的少量失调行为就断定为感统失调，这是不客观、不科学的。专业的感统训练需要借助于一些专业的训练器械，家长在家庭中尝试完成时一定要特别注意安全，在做训练时，一定不可以强迫孩子，要让孩子感到轻松、快乐。

7. 和您的宝宝一起跳、跳、跳

自宝宝出生以后，您有多长时间没锻炼身体了。或许您有各种各样的理由——天天带孩子太累了！工作太忙了……现在，放下您手头的工作，带上宝宝一起来做做“亲子健身操”！

您的宝宝目前能做哪个动作

A. 能大走大跑，拉双手可以跳离地面。

B. 扶栏杆可以自己跳起来。

C. 能双脚同时跳离地面一点点，但不能连续跳。

D. 能很轻松地跳离地面，而且可以连续跳3次以上。

E. 能从原地立定往远处跳，至少跳30公分。

F. 能从台阶末级往下跳，跳下以后能站稳。

G. 能从地面跳到高15公分的台阶上。

您的宝宝能做到什么程度呢？从A～G，动作难度越来越大。

【分析】针对A、B情况的宝宝，您可以这样做：

您需要做的是锻炼孩子下肢肌肉的爆发力，比如您可以做“拉手跳、跳、跳”的游戏：用4块彩色地板拼图拼接成条形放在地上。您双脚分开站于地板两侧，拉宝宝两只手的手腕（防止手脱臼）做左右跳的动作。每次跳之前先让宝宝做好起跳姿势，然后妈妈拉宝宝的手配合口令完成动作。

除此之外，您还可以拉宝宝的手用同样的方式，完成前后跳、上下跳等动作。如果您和宝宝经常做这样的游戏，您会发现有什么变化呢？

惊喜板——您的小腹变小了，不信试试！

针对C、D情况的宝宝，您可以这样做：

您需要做的是锻炼孩子腰腹部肌肉的力量，让宝宝能协调自己的身体，跳得更好。您可以做“小飞机起飞了”的游戏：您双脚微微分开，托住宝宝的身体让宝宝面朝下，然后把宝宝的腿盘在您的腰间，引导宝宝的身体从下往上用力抬起。在宝宝用力抬起身体的时候，您也要配和宝宝的动作努力顶起腹部，当宝宝身体落下时，您的身体也应配合收缩腹部并稍稍弯腰，如此反复几次。如果游戏让宝宝感到恐惧，就不要强

迫。在游戏过程中，配合动作，可以告诉宝宝“小飞机起飞了”（抬起身体）、“小飞机降落了”（落下身体）。

除此之外，您还可以以同样的姿势和宝宝完成“轴心旋转”游戏，刺激宝宝平衡感发育。

惊喜板——宝宝变得胆大了，您的腹部变得更小了。

针对E和F情况的宝宝，您可以这样做：引导宝宝完成更为高级的肢体协调性动作。

您和宝宝都用一只脚跳，只要能跳起来就可以。如果完成程度好些的宝宝，您可以要求宝宝连续多跳几下。

您和宝宝一起按口令完成动作，“单—双—单—双”，或数“1—2—1—2”，节奏由慢至快，锻炼宝宝的快速反应能力和肌肉的适应性。

类似于您在预备活动中做的原地高抬腿动作，您不要求宝宝的腿抬高，需要关注的是宝宝的摆臂动作是否能和腿抬起的动作协调一致。这个动作可为宝宝未来的快速跑动作奠定基础。

惊喜板——您在反复示范和当“陪练”的过程中，有没有发现您的身体素质正在改变，您上楼已经不喘了！

您应该非常高兴，您的宝宝可能具有比同龄孩子更强的肌肉爆发力。他以后可能会成为一位运动健将，至少体育成绩不俗。您需要做的是引导孩子完成一些需要身体其他部位配合的综合动作。您可以和宝宝一起做：

您先示范给宝宝看怎样跳绳，让宝宝自己尝试一下。如果宝宝完成有困难，您把绳对折合成一截儿蹲下来平着地面甩绳，让宝宝配合您的口令完成跳跃动作。

给宝宝一个小皮球，让宝宝在跳起的同时把球抛出去。刚开始不要求宝宝抛的方向，等反复几次，宝宝动作熟练以后，再要求宝宝把球抛给您。

如果有条件，您甚至可以引导宝宝模仿您做几个有蹲、跳、站、起等连贯动作的武术动作或是舞蹈动作，提高宝宝的身体协调性。

惊喜板——原来宝宝是个天才！

●**相关提示** 孩子能够独立行走以后，就要开始发育比较难的运动技巧和运动能力了，其中跳跃就是一项比较难的运动。一般来说，大部分孩子在1岁10个月左右的时候能做到双脚跳离地面，但也有些孩子到了2岁半还不能跳起。这主要和孩子早期的身体协调性的训练有关，如果孩子在早期的时候身体各部位没有得到充分的锻炼以及相应的身体协调性的训练，孩子掌握这个动作就会晚一些。对于会跳的孩子，我们要尽可能增加跳跃技巧的训练，让孩子可以在跳起的过程中控制方向、控制身体。跳跃的训练让孩子的感觉统合功能得到良好的刺激。

如果您的宝宝到3岁还不会跳

有极少数宝宝到了3岁还不会跳，您不用太着急。他不能跳起的原因可能有：

宝宝一直以来运动方面的发展都比较滞后；

遗传原因，爸爸、妈妈小时候都跑跳能力差；

没有教孩子做过这样的动作，孩子不能克服心理障碍自己完成，一定要借助外力；

曾一度禁止孩子做这样的动作，害怕对孩子身体造成伤害；

脑神经方面的问题。

不过无论是哪种原因造成孩子3岁还不能跳离地面，您一定要引起重视了。先花一点时间教孩子，最好先利用跳跳床。如果没有任何进步，建议您去医院或相关的机构对孩子进行检查。

●**相关提示** 3岁以前的宝宝，由于骨骼的钙磷比例和我们成人不一样，骨骼的硬度也不一样，所以任何跳跃动作都不适宜长时间做，以免压迫孩子骨骼，造成骨骼变形。

要增强孩子的安全意识。不鼓励孩子尝试做危险的跳跃动作，比如从很高的地方往下跳，防止没有成人保护的时候孩子自己盲目尝试。

致家长的话

除了要关心宝宝的健康，您也要注意自己的身体健康。所以和宝宝一起进行锻炼是最明智的选择。健康的宝宝会给您减少许多麻烦，让您感到为人父母的快乐；同时，健康的父母也会给宝宝带来更多的幸福和照顾，让宝宝觉得这个世界太美妙……

8. 培养一个“懂爱”的宝宝

生活在这个时代的宝宝是幸福的，家里只有这么一个宝宝，爸爸妈妈爱宝宝，周围的人也很喜爱小孩子，在“爱”中长大的宝宝，他懂得爱吗？如果有人喜欢宝宝时，宝宝是否也知道呢？

宝宝“情感认识”指数测试

①宝宝做了错事，当您对他做出非常生气的样子时（不要有太强烈的责骂声），他的表现是：

A. 不理解，没有明显的表情变化

B. 理解，会马上抑制自己的行为，甚至会被吓哭

C. 理解，不一定马上停止自己的行为，有时还会反过来逗大人开心，有点厚脸皮

②从宝宝手上把他正在玩着的玩具强行拿走时，他的表现是：

A. 无所谓，转身去找其他玩具或干别的事情

B. 大哭或大叫，直到您把玩具还给他

C. 看看您，然后伸手表示要，或直接说“要”或明确地说“这是宝宝的”

③在公共场所，当有陌生人对宝宝投来微笑或逗引的时候，宝宝的反应是：

A．没反应，只是静静地看着陌生人

B．表示害羞或害怕，躲进妈妈的怀里，并不时地偷眼看看陌生人

C．会回应陌生人微笑，甚至还会主动打招呼或是搭腔

④当您拥抱孩子的时候，他的表现是：

A．不喜欢，甚至会被吓着躲到经常带他的爷爷奶奶处

B．能接受，但不会回以同样的拥抱和亲热

C．非常高兴，会给予同样的拥抱，还会顺势提出一些“要求”

⑤当您买礼物送给宝宝的时候，宝宝的表现是：

A．没有明显的高兴表情，他还是喜欢原来的玩具

B．很高兴，然后开始玩耍

C．很高兴，而且还会表示感谢，有的孩子会邀请您和他一起玩耍

【评分】A—1分；B—2分；C—3分

【分析】得分≤5分的宝宝。宝宝对情感的认识和接受程度不高。原因可能有：宝宝太小；或者是宝宝很少接触人，性格太内向；再有就是您平时对宝宝的关心不够，你们的关系有待提高。您需要做的就是尽可能再多爱宝宝一些、让宝宝多接触人，让他在与他人接触的过程中有所区别，学会建立和他人的关系。

如果您不知道您的宝宝是否能“区别自己”，最好的标志就是：在您和宝宝分离的时候，宝宝是否有强烈的依恋表情。如果有，说明宝宝可以区别自己了；如果没有，说明您给予宝宝的感情和爱还不够。您需要引起重视！

得分在6～11分的宝宝，他能很明确地认识情感，也懂得“爱”，但需要您帮助他了解情感的表达方式有很多种。您需要注意的是，在平时生活中帮助宝宝建立对周围环境或人的信任，同时您也需要反省一下自己的行为，是否对宝宝有过特别粗暴的言行，如果有就要立即改变。

另外，这样的宝宝不是很容易适应新环境，当您带他进入一个陌生环境时，您不要一来就要求宝宝去和陌生人打招呼，而且陌生人的热情反

而会让宝宝更难以适应。您最好抱（牵）着宝宝，很随意地和您的朋友闲谈，但要随时关注宝宝，适当的时候给予宝宝积极的鼓励和帮助，带孩子一块参与到新环境的游戏中去，而不只是简单地口头鼓励“去吧！没有关系，和小朋友一块玩儿”，除了语言的鼓励，最好您和宝宝一起参与。

得分≥12分的宝宝，您的宝宝一定是一个非常可爱而且很懂得爱的孩子，这样的宝宝容易得到更多人的爱，情感发育会比较健康。您需要做的是帮助宝宝学会主动探索、游戏和学习。当进入一个新环境时，不太需要您的引导和示范，您给宝宝一个目标，就让宝宝自己想办法去解决吧。比如，宝宝特别想玩穿红衣服小朋友的球，您可以鼓励他去，但怎么做，您没有必要告诉他。先让他自己去试试，如果遇到困难再给孩子适当的帮助和指导。

●**相关提示** 情感健康的首要标准就是对情感的认识、接受和表达。宝宝是通过一个发展的过程来获得这些能力的。首先，要教会孩子认识和命名这些情感，比如让孩子认识“生气、高兴、讨厌、气愤”等情感的表情、行为和其对应的名称；接着就是帮助孩子学会接受他们体验到的各种感情，学会控制自己的情感，并把这些情感看做是健康的、自然的。这样，孩子才能学会在各种状态下用合适的方式来正确地表达自己的情感，包括用言语表达或是用肢体动作表达。

您可以给孩子做的游戏

（1）看“哭”脸和“笑”脸

您提前画两张脸谱图，哭脸和笑脸。在给宝宝讲故事的时候，不时提问，“小姐姐摔倒了，她哭了！哪个是哭了？”让宝宝选择。

对于稍大一些的宝宝，您的脸谱制作就更有意思了，您只需要画好娃娃脸谱的上半部分，留下嘴的位置，让宝宝根据您的要求贴“哭”脸或“笑”脸。

在平时生活中，我们还可以引导宝宝模仿“哭”脸和“笑”脸。

【讲解】帮助宝宝巩固对“哭”和“笑”的概念的认知，促进宝宝语言能力的提高。

（2）学会表达爱

在宝宝和小朋友或他喜欢的人分离时，鼓励宝宝用自己的方式和他们告别。

对于依恋程度比较强的孩子，我们还可以设计许多有趣的告别动作，让孩子顺利度过分离期。比如“飞吻”、“捏鼻子”、“顶牛”、“拉钩”等。还可以帮孩子建立一个“依恋”物，比如乖乖狗、芭比娃娃等。

您在生活中要结合场景使用各种能表达情感的词汇，当宝宝有同样的经历时，引导宝宝用语言表达他的感受。比如高兴、生气、伤心、委屈等。

【讲解】帮助孩子控制自己的情感变化，帮助孩子对人和物形成积极的、可以信赖的依恋。

（3）相信自己

给宝宝设立一些富于“冒险”的环境，鼓励宝宝自己探索完成。比如：

鼓励宝宝从书桌上下来，可以告诉他怎么做。

鼓励宝宝试着按按“鳄鱼”（鳄鱼玩具）的牙齿，不要害怕。

翻山越岭：妈妈蹲下，让宝宝从妈妈的背上爬上去，妈妈站起来，让宝宝配合妈妈的动作爬过妈妈的肩头，然后再从肩上翻下来，头朝下双手触地下来。在这个过程中，要不断地鼓励宝宝相信妈妈，但不可以

强迫孩子。

【讲解】让宝宝学会相信自己和他人是情感健康发展的重要方面，这同时也反映了宝宝对您的信任程度。

（4）送礼物

先用讲故事的方式讲述全家人的情况，比如，您可以这样说：“爷爷非常爱宝宝，爷爷每天都带宝宝到楼下的花园去玩。可是爷爷老了，他的腿有点毛病不能走太长的路。我们需要送一双舒适的鞋给爷爷。”然后让宝宝从几双鞋里挑一双合适的鞋“送”给爷爷。以此类推，您还可以让孩子送礼物给其他家人。

提醒您，在平时生活中您可能让孩子做过，但您采取的方式可能过于简单或直接，您可能会直接让孩子“把××送给××”，而没有突出送礼物的原因。既然是游戏，您还可以结合故事让孩子做事情，比如，您在给孩子讲《卖火柴的小女孩》时，就可以问问宝宝“想送什么礼物给这个可怜的小女孩儿”，引导孩子做出合理的选择。

【讲解】游戏可以培养孩子的爱心，理解人类最复杂的感情。

在生活中营造爱的环境

生活中，不但需要您给予孩子爱，同时也应该要求孩子懂得关爱您、关爱其他人。

爱是广泛的，包括对人的爱，还包括对其他事物的热爱。您可以给孩子养一个宠物，让孩子在这个过程中学会爱护小动物。

爱不是挂在嘴边的东西，它体现在生活的每一个细节当中。尽管如此，您还是应该用言语的方式告诉孩子“您爱他”以及爱的含义，并大胆地尝试用肢体语言去表达爱。

不要问孩子“你最喜欢谁或你最爱谁”这样的问题，更不能在这样的回答中贿赂孩子。

如果您惩罚了孩子，在他情绪平静以后您需要通过游戏、故事或其他形式正面地告诉孩子，“您很爱他，惩罚他的原因是因为他做错了事情，不是您不爱他”，不要认为这只是表面形式，这对宝宝非常重要。

给予孩子的爱要适度，不要太过溺爱。

致家长的话

在爱的沐浴中成长起来的宝宝会懂得爱，但无限制的溺爱，也会让孩子不懂得怎么去爱他人！

第三章 让宝宝认识自己

“我是谁？我要到哪里去？”了解自己是人类一个永恒的主题，长有一双明亮的眼睛并不代表能把自己看清楚。一声“宝宝”的呼唤是什么意思？面对初来世间的孩子，一个母亲需要帮助孩子认识自己、了解自己。眼睛在哪里？耳朵有什么神奇的作用？长着十个指头的小手可以感觉到什么？教他运用自己的感官去认识自我、认识世界。

1. 认识自己

宝宝从1岁左右的时候就开始学习认识自己的身体器官了。那段时间，您一定经常这样教孩子："这是宝宝的手、这是宝宝的小脚丫、这是……"所以，您认为宝宝是认识自己的，那我们就来看看宝宝是否真的认识自己——

测试宝宝的自我认识程度

①宝宝认识几个身体器官？（只要能指认就可以，不要求宝宝说出名称）

A. 7个以下　　B. 8～12个　　C. 13个以上

②对应宝宝认识的身体器官，宝宝都知道这些器官的用途吗？（不要求描述用途，可以是提问，例如：宝宝用哪儿吃饭、宝宝用哪儿听声音等，只要宝宝能指认也可以）

A. 不太清楚　　B. 知道一半以上器官的用途　　C. 全部认识

③让宝宝闭上眼睛，让他用手分别摸摸头、鼻子、嘴巴、屁股、脚，宝宝能完成几样？

A. 只能摸对2个以下　　B. 可以摸对3、4个　　C. 全部摸对

④关于性别认识。

A. 不清楚　　B. 宝宝知道自己的性别

C. 宝宝不但知道自己的性别，还能说出其他人的性别

⑤宝宝被东西绊倒的时候，有没有自我保护意识或自我保护的

动作？

A. 没有，经常会摔到脑袋　　　B. 有一点意识，会用手挡一下

C. 有明确的保护动作，很少会摔伤

⑥宝宝会对您表达自己的要求吗？比如，想吃什么，想玩什么，想穿什么衣服等。

A. 不会，很少有

B. 在玩的方面或是吃的方面会表达，其他方面很少表达

C. 经常会提议，甚至能说出自己的原因

⑦以下10件事情，宝宝自己能做的事情有几样？脱裤子；吃饭；穿鞋（但可能分不清左右）；系鞋带；穿外套；穿袜子；梳头；洗手；收拾自己的玩具或书籍；接水喝。

A. 3件　　　B. 4～7件　　　C. 8件以上

⑧宝宝能从照片里找出所有家人吗？

A. 只能找出爸爸、妈妈，有时会把熟悉的叔叔、阿姨也当成家人

B. 除了爸爸、妈妈，还可以找出宝宝经常接触的家人，比如爷爷、奶奶、小姑等

C. 基本能分清楚哪些是家人，哪些是外人，甚至能说出称谓

⑨宝宝参加集体活动时，能区分自己的物品并能保护自己的物品不被损伤吗？

A. 不能　　　B. 能区分一些，但不会负责

C. 能明确区分并随时保护自己的玩具

⑩如果不提醒，宝宝自己会主动做的以下事情有几件？自己饭前会要求洗手；玩具弄脏了会试图弄干净（当然孩子可能会用衣服去蹭）；进屋的时候会主动脱鞋要求换拖鞋；留鼻涕的时候会要求帮助擦鼻子；如果食物上有脏东西，宝宝会拒绝食用。

A. 1件　　　B. 2件　　　C. 3件以上

【评分】A—0分；B—1分；C—2分

【分析】得分≤6分，宝宝的自我认识能力有待提高。您可能认为宝宝还小，没有必要教他太多东西，长大了自然就知道了。在这里提醒您，良

好的自我认识包括了独立性的发展，在宝宝很小的时候，您就应该创造机会培养宝宝的这种意识。

得分在7～14分的宝宝对自己有一定的认识。但您可能忽略了对宝宝自我意识的培养，宝宝可能很乖，但我们也希望宝宝是一个有主见的孩子，您说呢？

得分≥15分，宝宝的自我认识程度比较高，宝宝不但认识自己的身体、认识自己的能力，还能明白自己和其他人的关系。如果您在平时生活中继续加强对孩子独立性的培养，您的宝宝一定会成为一个优秀的孩子。

●**相关提示**　自我认识的发展是一个形成独立性和对自我和环境进行控制的过程，它包括以下几项发展目标：

形成积极的身体认识，包括认识自己的身体特征、器官名称、身体各部分的作用和相互之间的关系等。

认识自己的性别并形成性别认同。（关于这一部分参看本书中“我是男生，你是女生”一节的内容）

有符合年龄特征的自理能力，比如2岁以下的宝宝要能够做到自己吃饭、喝水，2岁以上的宝宝要有一些简单的自理能力，比如脱裤子解决大小便等。

形成健康生活方式的认识和自我安全意识。（安全部分可参看本书“宝贝，小心”一节的内容）

理解个人财产并会对这些物品负责。

知道自己和别人的区别，同时有简单的社会关系认知。

帮助孩子认识自己可以促进宝宝对自己形成尊重感，促进孩子独立性的发展。

可以给孩子做的游戏

（1）洗手

准备一盆水，再准备好毛巾、香皂、海绵、香波和其他玩水的各种容器。鼓励宝宝自己洗手。在学洗手的过程中，您可以适当地帮助孩子，比如擦香皂。在游戏过程中，引导孩子讨论为什么要洗手、香皂的作用及用香皂的感觉等等。

【讲解】帮助孩子形成健康的生活方式，提高他的认知水平。

（2）家族树

把家里人的照片都找出来，先让孩子认认他们都是谁，然后把照片剪小。把爸爸、妈妈的照片贴好，并把宝宝的照片贴在下面，告诉孩子为什么。然后再进一步引导，把其他家人的照片依据亲属关系贴在相应的位置，做成一棵“家族树”。贴好以后，再给孩子反复讲解他们之间的关系。

【讲解】帮助孩子认识家庭成员并理解相互之间的关系。

（3）这是宝宝的哪儿

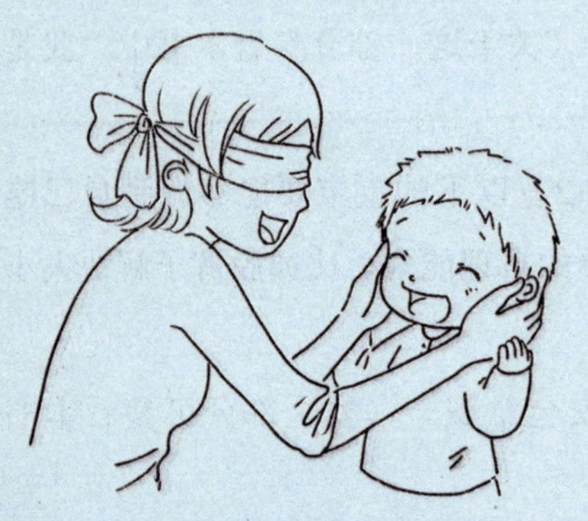

用一块毛巾遮住您的眼睛装成“盲人”，然后您摸宝宝，边摸边说：“这是宝宝的鼻子、嘴巴等”，您在摸的时候可以故意说错，看宝宝会不会纠正。

您摸的范围应该扩大，除了脸部器官，还应该有骨头、肚脐、膝盖、大拇指等更为具体的身体部位。如果宝宝配合，您还可以和宝宝交换角色。

【讲解】帮助宝宝认识自己的身体，刺激孩子本体感觉的发育。

（4）我可以做很多事情

引导孩子讨论“可以做的事情”。您可以这样开始：“妈妈会给花浇水，宝宝会吗？”然后把工具准备好，鼓励宝宝自己去做。等宝宝完成以后，您再问：“宝宝会做什么？”引导宝宝回答“我也会浇花！”

再做其他动作。您让宝宝做的事情一定要简单，是宝宝可以完成的，而且游戏材料要能让宝宝感兴趣。

反复几次以后，您可以不再提供游戏材料，让宝宝直接说说“还能做什么”。

在以后的讨论中，当宝宝说完自己会做的事情以后，您应该总结“宝宝可以做很多事情了，宝宝真能干！”

【讲解】通过操作并讨论游戏的过程，让宝宝认识自己的作用，增强宝宝的独立性和自信心。

（5）给玩具洗澡

找宝宝的几样玩具，让宝宝先分配一下，哪些是宝宝的玩具、哪些是妈妈的玩具。不要求孩子平均分配，尊重孩子的分配结果。如果孩子语言能力比较强，您还可以引导孩子说说为什么喜欢这些玩具、喜欢它什么。

然后您准备一盆水和小毛巾，让孩子给自己的玩具“洗澡”，您也给您的玩具洗。如果宝宝不愿意，那您就说：“如果宝宝不给喜欢的玩具洗澡，那就把玩具扔到一边，送给妈妈洗，那这个玩具就是妈妈的！”如果和同龄小朋友一起玩，游戏效果更好。

【讲解】通过游戏的方式帮助孩子学会理解个人财产，并对自己的物品负责任。

您在生活中还可以这样做

告诉宝宝身体受到伤害的时候可能会有疼痛感、流血等，让宝宝学会爱护自己的身体；

找一些身体不同部位的图片，教孩子认识；

鼓励孩子自己的事情自己做；

利用合适的机会和孩子讲解安全、健康知识，并帮助孩子形成良好的生活习惯。

致家长的话

我们教孩子认识很多事物，但首先要教会孩子认识自己！

2. 耳朵的“N+1”种功能

造物主是神奇的，他在造物的时候就已经设计好了每个事物的用途和它应有的价值。耳朵就是这样，没有它，我们就听不到这个世界里美妙的声音、不知道你在说什么……好像生活在寂寞的太空里一样。除了听声音，耳朵还有什么用处呢？如果您想知道答案，就和您的宝宝一起玩玩下面的游戏，您就知道耳朵有什么作用了！

关于耳朵的游戏

（1）耳朵“找”东西

准备两个一模一样的盒子，把一个会出声的玩具放在其中一个盒子里，然后把两个盒子同时放在孩子面前反复交换两个盒子的位置，要求宝宝指出玩具藏在哪个盒子里。记住，不可以让宝宝动手。无论你怎么交换两个盒子的位置，如果宝宝每次都能很快地指认出来，那您可以在盒子里依次放入音乐盒、钟（有滴答声的机械钟）等声音更小的发音物体。看看宝宝是否也完成得很好！

总结1：耳朵可以找东西。

（2）耳朵“看”东西

如果把沙子、水、小石子放在宝宝面前问他“是什么”，大部分宝宝都会给您一个正确的答案。如果宝宝不知道这些东西，没有关系，告诉他！现在需要您做的是：找3个一模一样的不透明的小药瓶，然后把沙子、石头、水分别放到小瓶子里盖紧盖子，您分别摇晃3个瓶子，让宝宝通过听声音猜猜瓶子里装的是什么。有的宝宝能凭借生活经验很快猜对，如果不能马上猜到，您也不用着急，可以打开瓶子让宝宝先看看装的是什么，然后让他听听声音。等记住了这些声音，游戏也会玩好了！

总结2：耳朵可以看东西哦，神奇！！

（3）耳朵“数”东西

2～3岁的宝宝不一定知道8和10谁少谁多，但基本可以判断1和许多了。您来试试让宝宝用耳朵判断一下，哪边是“1”、哪边是“许多”？您背着宝宝提前把1颗豆和许多豆分别装入一模一样的两个药瓶中，摇晃两个瓶子，让宝宝仔细听。然后让宝宝指出来，哪个瓶子里装的豆子多、哪个瓶子里装的豆子少。无论孩子的答案是否正确，您都可以打开瓶子让他看看，并再次摇晃强调正确的答案。

总结3：耳朵还能辨别数量，太神奇了！！！

玩过这些游戏以后，您也认为耳朵很神奇了吧！所以要注意保护好宝宝的耳朵！

保护宝宝的耳朵

（1）怎样给宝宝清洁耳朵

你可以用毛巾或棉花棒清洁宝宝的外耳部分，但别自己尝试去清洁耳朵，如果真的有太多耳屎，最好告诉医生。

（2）如何保护宝宝的耳朵

不用链霉素、青霉素、卡那霉素、庆大霉素等能够引起听神经中毒的抗菌素，这些药品可以导致耳聋；

防止疾病发生。麻疹、流脑、乙脑、中耳炎等疾病都可能损伤宝宝的听觉器官，造成听力障碍；

避免噪音；

不要给宝宝挖耳朵，防止水进耳朵；

防止宝宝在玩的过程中把小豆子等小物品放进耳朵。

（3）宝宝的耳朵里进了异物该怎么办

如果宝宝的耳朵里进了异物，你最好让宝宝的耳朵朝下，试着轻轻地摇晃他的头，把物体摇出。如果没有效果，你可以试试以下的办法：

如果是一只小昆虫，你可以用手电试着把它引出来；

如果是金属物，试着用磁铁把他吸出来；

如果是塑料或木材类物质，轻轻地涂一点不干胶在直的纸夹子上，用夹子去碰触它，但不要接触到内耳。等胶水干了，把夹子拿出来，异物应该会被粘在上面。为防止宝宝乱动，做的时候最好有人帮助。

如果上面的方法都没有用，你最好把宝宝带到医院。

（4）宝宝得中耳炎有哪些症状

耳朵痛：宝宝有时会拉着两只耳朵，或者摩擦耳朵或者握住耳朵；

发烧、疲倦及过敏反应；

听力降低；

吞东西或吸东西的时候出现卡嗒声或是爆裂声；

耳内有液状物流出。

●**相关提示**　听觉是人类感知世界的主要的感觉通道之一。听觉的适宜刺激是声波。声波引起外耳鼓膜震动，震动刺激传至内耳的耳蜗。这种刺激作用于科蒂氏器官，通过由它发出的听神经将神经刺激传入脑中枢，便产生了听觉。发出震动的物体在机体之外，因此听觉也是距离知觉，与视觉一样，对人类有重大的作用。

致家长的话

让宝宝认识自己的身体器官，同时还应该引导宝宝感受每一个身体器官的功能。

3. 所有感知觉，一个不能少

您知道海伦·凯勒吗？她的故事让人感动，一位没有了视觉、听觉的“残疾人”，能最终成为一名著名的作家，她是依靠什么来感知世界、进行创作的呢？她依靠敏锐的触觉、味觉、嗅觉等来感受这个世界。由此可见，人的各种感知觉都有重要的作用，只是大部分人，都习惯性地用视觉、听觉来感知世界，使得其他感知觉形式没有更好地被“认识和利用”。

●**相关提示**　感觉和知觉是孩子认识的开端。感觉是感觉器官的神经组织接受外部世界或有机体内部刺激，并通过内导神经将刺激信息传入脑中枢的过程。感觉是刺激的接受、登录过程，是通过神经系统和脑实现的生理心理现象。

知觉是对感觉信息的解释过程，是对感觉输入的信息赋予意义的过程。知觉无论在人类进化上或个体发展上都是比感觉更高一级的心理活动。把感觉信息进行编码，并和脑内已有的贮存信息相结合或匹配，同时把各种单一感觉结合为整体的整合活动，就是知觉解释世界的过程，也就是对感觉赋予含义的过程。

宝宝在出生以后的短短几个月内，就逐渐形成了各种感知觉，您在引导他认识周围世界时，应该帮助宝宝用多种知觉形式来认识。

您可以给孩子做的游戏

（1）闻闻什么是醋味

让孩子先闻一下醋的味道，最好拿醋瓶子直接给孩子闻，告诉孩子这是醋。然后拿两个一模一样的小瓶子分别装上醋和水（或者是其他气味的东西）给孩子闻，让孩子指出哪个和醋的味道一样，然后告诉孩子这也是醋，两个是一样的。在这个基础上，家长把装水的瓶子里装上某种酸的水果，然后让孩子闻闻哪个是醋？看孩了能否分辨出来。

【讲解】游戏的目的是让孩子产生嗅觉记忆，然后在记忆的基础上再识别哪个是醋。家长也可以先让孩子闻闻醋，然后玩一下其他游戏，把孩子注意力分散以后，再拿出来问孩子哪个是醋。

（2）尝不同味道的东西

先让孩子尝一下糖水的味道，告诉孩子这是糖水。然后把糖水和醋分别装在杯子里，让孩子尝尝后指出哪个是糖水。

在上一步的基础上，还可以把装醋的瓶子装上其他酸甜味道的饮料，然后让孩子指出，哪个是糖水的味道。

【讲解】游戏的目的是让孩子产生味觉记忆，然后在记忆的基础上再识别哪个是糖水。对于能力较强的孩子家长可以适当地增加其他味道的东西。

（3）把石头找出来

准备一些光滑的小石子和一些塑料纽扣，先让孩子摸摸、看看，并说说它们有什么不同。然后把石子和纽扣放到口袋里，让孩子把石头找出来。

【讲解】在引导孩子区别石头和塑料纽扣的过程中，温度和事物外表的光滑程度将是孩子作出区分的重要依据，游戏促进了孩子手触觉的发育。

（4）猜猜是什么

在口袋里放入孩子比较熟悉的一些生活用品（每次只放一样，不要当着孩子的面放），口袋外面没有任何可以参照的物品，让宝宝把手伸进袋子，不能让他看见。然后问孩子“袋子里面是什么”，让孩子说出来。

【讲解】利用手的触觉认物是非常难的，接近2岁的宝宝基本可以达到了。这个知觉过程是：“首先手触觉获得信息——触觉信息传递到大脑——大脑构图——去记忆库里搜寻相似事物——触觉识别——最终判断”。这么一个复杂的过程对于孩子来说是比较困难的。这个游戏对于孩子建立空间想象力是非常重要的。

（5）不同球的收集或制作不同材料的球

准备塑料球、橡胶球、布球、金属球、木球等，鼓励孩子用手摸摸并说说有什么不同。还可以引导孩子一起做滚球、扔球、拍球的游戏，让孩子对比它们有什么不同。

【讲解】通过多种知觉形式来认识事物的不同。

生活中的多种感知觉学习

实际上，在您平时的生活中，您引导宝宝认识事物的时候就已经运用了多种感知觉形式，您做得很好了，不信，我们回忆一下：

夏天，吃西瓜的时候，您一定让宝宝摸过光滑的西瓜皮，然后再切开让孩子品尝。

晚餐前，您先让宝宝闻闻您炒的菜香不香，然后告诉宝宝菜很好吃。

宝宝和您正在等爸爸，听到熟悉的脚步声，宝宝就躲在了您的身后，尽管没看见爸爸，但他已经知道是爸爸了。

那么，从现在开始，您需要做的是教孩子认识新事物的时候，让孩子尽可能听听、看看、摸摸、闻闻、尝尝；当您有时间陪宝宝做游戏的时候，把一些相似的事物集合起来，和孩子讨论它们的不同。

致家长的话

拓展各种感知觉的潜能是早期教育中的一项重要内容。

4. “疏通”智力通道

宝宝每天都在通过各种活动接收各种各样的“信息”，有来自听觉的，还有来自视觉的、味觉的、触觉的……在这样的“信息接收”过程中，他开始对周围环境中的各种声音的、色彩的、气味的东西发生了兴趣，他开始了对世界的探索和认知，同时也增加了对自己的了解。当各类信息进入宝宝的大脑后，宝宝要对这些信息进行“处理”，并根据处理得出“结论和判断”，并做出一定的动作反应，这就是宝宝智力形成的过程。

所以，要想宝宝有很好的智力，您首先要做的就是帮助孩子认识自己的感知觉功能，学会用适合的感知觉功能“接收、理解”来自外界的信息——“疏通”智力通道。

您能很好地帮助宝宝“接收”信息吗

①孩子不小心被热水烫了，您告诉过他是什么原因吗？

A. 告诉过　　B. 没有

②您有没有告诉过孩子我们吃的东西都是些什么味道？

A. 有　　B. 没有

③孩子大便的时候，您有没有告诉孩子这是“很臭”的东西？

A. 有　　B. 没有

④您有没有告诉过孩子不能吃太多冰激凌的原因？A. 有　B. 没有

⑤您经常带孩子去玩沙或玩水吗？A. 经常　B. 偶尔

⑥炉子上的水开了，您有没有引导孩子听听水开的声音？

A. 有　　B. 没有

⑦您有没有拉孩子的手摸摸爸爸的下巴会扎手，妈妈的下巴很光滑？

A. 有　　B. 没有

⑧天热了您给孩子脱衣服的时候，有没有告诉过孩子为什么？

A. 有　　B. 没有

⑨您有没有让宝宝闭着眼睛摸摸这是妈妈还是爸爸？

A. 有　　B. 没有

⑩您经常鼓励孩子用筷子击打盘子或是碗，听听发出什么声音吗？

A. 经常　　B. 偶尔

【评分】A—1分；B—0分

【分析】以上这些都是生活中可以经常看见并经历过的，在这些过程中，孩子接受着来自视、听、嗅、触等感知觉渠道的信息。如果您做的和测试中所指的内容不完全相同但有相似之处，您也可以以此种方式来判断计分。

得分≤4分，您不能很好地帮助孩子从日常生活或学习中获得信息。可能因为您工作太繁忙，您忽略了宝宝是一个“吸收力”极强的学习者。您只是在不经意之间引导孩子认识了一些肤浅的事物或现象，而这些信息对宝宝来说是根本不够的。如果您不注意改变您的育儿态度，您的宝宝在未来的时间可能会有“智力”发展上的滞后现象。您和家人应该积极地行动起来，尽可能地利用各种机会，引导宝宝认识多种事物，包括实物或图片。

得分为5～8分，您基本能帮助宝宝从日常生活中获取一定的信息。您很关注宝宝的成长，也很重视通过教育的手段促进宝宝智力的发展。但您有可能忽略了信息获取的多元化，而更注重用“教学”的形式给予宝宝大量的认知。您应该进一步了解宝宝还可以通过哪些方式获取信息，相信在很短的时间里，您给宝宝的认知游戏会更有意思。

得分≥9分，您是一位非常用心的家长，您能通过各种方式帮助孩子接收各种信息，相信您宝宝的认知水平比同龄孩子要稍好一些。您的努力会得到回报的，由于有了您的引导，宝宝一定能成为一个勤于思考的聪明的孩子。

●**相关提示** 宝宝获取信息对孩子认知水平的发展是非常重要的。孩子不仅仅通过听说过某个想法或某个概念来获取信息，他们还可以通过触摸、操作、品尝等各种知觉形式获得信息。其次，参观、观察、探索、体验等多种学习过程也会帮助孩子获得信息。孩子在日常生活和学习过程中，都可以获得大量的信息，如果家长能做到有计划性地、系统地引导孩子，那孩子不但可以获得信息，同时还能获得利用或转化这些信息的能力，提高孩子的认知水平。

可以给孩子做的游戏

（1）温觉刺激足底

用温度差异非常明显的东西，比如用热水或冰水配合温水来刺激宝宝的足底，您在刺激的同时可以告诉孩子“烫”、“冷”、“舒服”等词语，反复几次刺激以后，孩子就会建立语言和皮肤知觉的神经通道。一段时间以后，家长再给他同样的刺激时，可以要求孩子用语言来描述自己的感觉。

【讲解】1岁半以后的宝宝对生活当中的大部分事物有了非常强的记忆和理解能力，但对温度、情绪、感受等方面词汇的理解还不是太明确，需要有身体器官的切身体会，才能理解。这个游戏就是通过皮肤的感知觉让孩子感知温度并理解描述温度的词语。

（2）触体温觉反应

在不同的杯子里装上不同温度的水，然后您用一个透明的塑料盒子或玻璃分别放在两个杯子上方，用语言提示孩子："奇怪，怎么有一个盒子变成白的了，不透明了，怎么回事？"语言的提示只是提醒孩子去观察，并不需要家长向孩子讲解"冷凝现象"。这时，你可以问问孩子哪个瓶子里的水是冷的、哪个是热的。然后让孩子用手去触摸瓶子，再通过手的感觉去判知冷烫。再次引导孩子去观察，烫的水会让盒子变成什么样子。

【讲解】宝宝对温度的触觉反应是对大脑神经系统的良好刺激。1岁以后的孩子早已掌握了"烫"、"冷"的词语，这个时候，我们希望不再是让孩子通过亲身的体验去验证烫的感觉，而是让他们通过观察发生的现象去分析。尽管这是一个手知觉游戏，但在游戏过程中，孩子的推断能力也能得到提高。

（3）神奇的口袋

在布袋子里装上梳子、尺子、小棒子等差异不大的物品，告诉孩子从布袋里把××拿出来。拿的时候，不能让孩子看里面的东西。

【讲解】1岁半以后的宝宝随着智力、空间认识能力的提高，也开始发育空间想象力了。这个时候，家长在考察孩子空间记忆的同时，让他通过手知觉去和想象中的物品形式相互对应，这个综合思维和立体调整能力，会增强孩子对事物的立体认知和记忆。

（4）演示沉浮

准备一些生活中常见的生活用品，比如梳子、钥匙、小勺、杯子、纸片、小木片等，再准备一盆水，您先随意拿一样东西放到水里，告诉孩子是沉还是浮。

然后把这些游戏材料交给孩子，让孩子自己操作。如果孩子比较配合，在每次放之前您都让孩子猜猜是沉还是浮，然后再放到水里去证实。

对于掌握程度高的宝宝，可以让他自己通过实验过程，把会浮在水面上的东西找出来，进行分类游戏。

【讲解】这一游戏的重点在于让孩子通过自己的操作感知沉浮现象，培养孩子的观察力。游戏的过程要求孩子先判断后观察，这是一个非常好的学习方法——带着问题去观察，进行有目的的学习。教孩子较早地掌握这种学习方法，可以让孩子以后的学习达到事半功倍的效果。问题式学习会吸引孩子的注意力，加深孩子的印象。

（5）“涮”火锅

用家里电火锅或是电磁炉和孩子一起玩这个游戏。您准备冰块、竹笋、肉、块状的动物油（猪油或牛油等）、鸡蛋、豆腐泡、墨斗鱼等平时吃火锅时准备的东西。在正式开吃之前，您把这些事物两两组合成一组，分别放在勺里煮：

冰块——竹笋（切成差不多的样子），引导孩子发现差别和变化；提出问题“冰块哪儿去了”；块状动物油——鸡蛋，引导孩子观察为什么一个会煮散漂起，一个却硬起来；豆腐泡——墨斗鱼，一个越煮越大，一个越煮越小。

当然，还有很多食物煮过以后会发生各种不同的变化，您也可以引导孩子观察并品尝前后的不同。

【讲解】家长有计划性地帮助孩子认识事物的不同，认识“煮”的过程中事物会发生变化，从而获得非直观信息，增强孩子对事物差异性的感知。

在日常生活中，您还可以通过这些方式帮助孩子获得信息

带孩子去动物园，或者去郊游，进入大自然；

听音乐会、看画展或参观各类博物馆、科技馆；

饲养小动物或培植花卉，让孩子感受生命的存在；

参加各类体育运动，最好有一定运动材料的活动，比如打球、游泳等；

让孩子参加手工制作。

致家长的话

不要以为提高孩子的“智力”就是告诉他“是什么”，您首先要做的是让他尽可能用自己的身体器官去感受。

5. 解析“捉迷藏”游戏的秘密

又是宝宝的游戏时间了，今天这个游戏最好不要在晚上玩。游戏开始了，告诉宝宝，您一会儿要躲起来，让宝宝来找您，藏的时候最好留一些蛛丝马迹，让宝宝容易找到。接下来，您换一个地方藏。宝宝玩得开心吗？好了，现在该轮到宝宝藏了。看看宝宝是怎么藏的：

A. 宝宝不会藏，好像没有理解游戏规则。

B. 宝宝自己会藏，但还没等去找，他就自己跑出来了。

C. 宝宝自己会藏，但不会藏住整个身体，只是把头藏进去。

D. 宝宝藏得很好，但无论玩几次，他总是藏在同一个地方。

E. 宝宝藏得很好，而且还会变换不同的藏匿地点。

您的宝宝是怎么玩的

著名心理学家皮亚杰认为：婴儿和幼儿时期心理活动的一个特点就是存在显著的“自我中心化”现象。他认为，婴幼儿时期思维从“我向思维”逐步向“现实性思维”转化；从“自我中心”向“社会化思维转化”，这一过程被称为“自我中心化”现象下降。孩子到了1岁半以后，已逐渐摆脱了那种不能分清主、客体，不能意识到自己的现象。但他们还是很难做到对同一事物认为还有他人观点的存在，不能从他人的角度去思考和看待事物。他们仍然会以自己的观点、态度或需要作为唯一的衡量事物的标准。

在“捉迷藏”这个游戏里，我们能清晰地看到孩子的这一心理特点。

所以家长有必要通过一些游戏帮助孩子“去自我中心”的发展，让孩子在认识自己的同时，学会认识自己和其他人的关系，学会站在他人的立场上思考问题、解决问题，促进孩子思维可逆性的发展。

（1）如果您宝宝的表现和A、B、C宝宝相似

您不要以为宝宝的智力有问题，可能是因为您的宝宝年龄太小，他还不能很好地理解游戏规则。而且太小的宝宝还处于“自我中心”的初级阶段，他在认识外界事物或理解游戏规则等过程中都存在倾向性，还不能做到站在别人的立场上看待问题。您不用担心，随着孩子的成长，他会逐渐提高对自我和客体之间关系的认识。

（2）如果您宝宝的表现和D、E宝宝相似

宝宝已经具有了一定程度的“去自我中心”的心理的发展，您会发现宝宝开始变得“多愁善感”，他会因为听到小朋友找不到妈妈而着急、会因为看到小狗被主人“教训”而伤心；当您告诉他要像“××一样勇敢”的时候，他真的会停止哭泣，让医生给他打针。从宝宝会玩捉迷藏开始，“偶像”和“榜样”就会对宝宝显现作用，您对孩子的教育就更要注意方法和方式了，应该积极地帮助孩子树立正确的价值观、人生观，让孩子学会自我评价和自我约束。

即便如此，孩子的“自我中心”现象仍然没有完全消失，只能说是下降了。因为“自我中心”现象在婴幼儿时期始终存在着，只不过某一时期的自我中心现象消失之后，高一级的自我中心化现象随之出现，不同形式的自我中心化现象标志着孩子的发展。

可以给孩子做的游戏

（1）恢复包装

给孩子准备一个层层相套的包装物，比如把糖放在一个小塑料袋里，然后把它们放在小药瓶里，再把小药瓶装在纸盒子里。您当着孩子的面把包装一层层打开，又恢复原貌，然后让宝宝自己来一次。在游戏过程中，您可以根据孩子的实际情况增加或减少包装的层数，以提高或降低游戏的难度。

【讲解】促进孩子可逆性思维方式的发展。

（2）神秘的箱子

您可以准备一个纸箱子，在箱子里放一个张嘴的鳄鱼玩具或是玩具老鼠夹子，然后您把手伸进去装作非常疼的样子，并用夸张的语言来描述“啊——，里面是什么啊！”然后把箱子给孩子，看孩子怎么做。

【讲解】游戏的目的是让孩子通过观察别人的表情和动作，学会判断箱子里可能有伤害性的东西，促进孩子思维的间接性发展。当然，在游戏中有的孩子可能不配合，或者是非要自己亲自去尝试才会做出反应，这个都没有关系。我们要经常创设这样的游戏环境，让孩子在游戏中能够通过别人的经历去思考问题、推理判断，即进一步促进孩子“去自我中心”的发展，让宝宝学会角色互换，学会站在他人的立场思考问题。

孩子一生中，不是每种学习都需要孩子亲自去尝试，还应注重培养孩子思考问题的能力，这种思考应该包括通过观察的方式去发现问题，或解决问题。

（3）猜猜妈妈看见什么

给宝宝一张正反两面都有图的卡片，您先和宝宝一起看看卡片正反两面都是什么，然后把卡片一边对着宝宝，另一边对着您，您先问宝宝看到什么，然后再让宝宝猜猜妈妈看到的是什么。

【讲解】促进孩子的空间想象能力和去自我中心心理现象的发展，让宝宝通过游戏学会站在对方立场上看待问题。

（4）你会怎么办

在日常生活中，当引导孩子观察某一现象或事物之后，应提问孩子："如果你是××，你会怎么办？"比如，当您发现宝宝正在看两个小朋友抢玩具，您可以问宝宝："如果你是那个小哥哥，你会怎么做？"您也可以经常做这样的提问，"如果爸爸在这里就好了，他会帮助我们的，他会怎么做呢？"

【讲解】在这里，特别强调，我们并不是要求孩子的回答符合我们的道德规范，我们只是通过这样的游戏让宝宝学会站在别人的立场上思考问题。当然，在游戏中，帮助孩子建立一定的道德规范也是游戏的一个目的。

致家长的话

学会站在别人的立场上考虑问题对宝宝来说是比较困难的。

6. 宝宝的"偶像"

宝宝有"偶像"吗？如果您直接这么问，宝宝可能听不懂。但您回忆一下，您可能使用过宝宝的"偶像"来引导宝宝的行为：

医院里，在给宝宝打针之前，您会和宝宝说：“没有关系，你应该和××一样勇敢，一会儿就不疼了”。这个时候孩子会真的模仿这个“××”捏起小拳头，不哭了。这里的“××”可能是宝宝最喜欢的人。

给宝宝洗头的时候，他总是动来动去，于是您提醒宝宝：“还记得阿毛是怎么洗头的吗？”这个时候，孩子会模仿阿毛的样子弯下身子。这里的阿毛是宝宝在《婴儿画报》中最喜欢的角色。

……

这样的事例举不胜举，您可能会说：“这些就是宝宝的偶像？这偶像也太不怎么样了。”但对宝宝来说，这些“偶像”却非常的重要。

●**相关提示** 2岁以后，孩子开始对角色游戏有了非常强烈的兴趣，这说明孩子的思维和语言的理解能力有了非常好的发展。这个时期，孩子越多地接触各种角色（包括生活中或故事书中的），孩子就越能认同被模仿的对象。家长应该鼓励孩子去模仿周围环境中孩子可以接触到的各种人物和角色。比如，让孩子学学警察叔叔怎么站岗、司机叔叔怎么开车、护士阿姨怎么打针、卖报纸的老奶奶怎么吆喝；也可以学学猪八戒被西瓜皮滑倒的样子、天线宝宝出来了……无论孩子的“表演水平”怎样，您都要给予积极的赞赏。

通过角色游戏孩子再现了自己的现实生活经验，认识到了自己和别人是不同的，每个人都有自己的特点。同时，家长在和孩子玩角色游戏的时候，可以根据宝宝的喜好帮助宝宝建立“偶像”，通过引导宝宝模仿偶像某些良好的行为、习惯等，加深宝宝对角色的认同和喜欢。这样，在宝宝以后的成长过程中，您就可以很好地引导宝宝了。

宝宝的“偶像”并不需要完美、唯一，他可以是带点坏毛病的“淘气聪明包”，也可以是贪吃的、善良的“小猪”。您还可以帮助孩子寻找好几个偶像，比如睡觉时候的偶像、吃饭时候的偶像等，但这个偶像必须是孩子非常喜欢、非常熟悉的。

您需要做的是通过讲故事、进行角色游戏等多种形式帮助孩子接触并认识更多的角色，帮助孩子建立“偶像”，帮助孩子把握好偶像的行为对他的影响，要积极的一面。

可以给孩子做的游戏

（1）学学他们

您应该给孩子准备一些适当的可以进行角色游戏的工具，甚至是相似的服饰，引导孩子和他的小朋友们玩玩“小医生”、“小司机”、“小警察”等游戏，让孩子“学学他们”。

您也可以在宝宝观看完一部卡通节目、木偶表演或听完一段故事以后，提供与剧情中相似的游戏材料，引导孩子“学学他们”。

在游戏过程中，有的宝宝只能机械地模仿一两个特征性动作或他们感觉最有趣的某个动作。比如他只会模仿司机转动方向盘，不会模仿更复杂的踩刹车、挂挡等动作；还可能他比较喜欢模仿剧情中小怪物滑稽的样子……这都是正常的。

【讲解】游戏的目的是帮助孩子接触并了解更多的角色，加强孩子的角色认同感。游戏过程中，家长要注意观察孩子的动作和言行能否去除自己身上的特点，并具有被模仿或人物的特征，并在以后的过程中引导孩子观察。

（2）听故事完成角色

如果孩子对上面的游戏理解得不是很清楚，不知道怎么模仿。您可以把模仿的内容讲得具体一些，您在给孩子讲故事的时候，要根据故事书里的不同角色选用不同的音调和口气，等故事讲完以后，您可以适当地引导提问，“小狗是怎么和妈妈说的”、“娃娃哭了，她怎么哭了”。不要做给孩子看，让他用自己的方式表达出来。

【讲解】孩子学会边听故事边做动作，说明孩子的语言理解能力已经非常好了。这样讲故事的方法，会让孩子更喜欢看书、读书，还会增强孩子对故事情节的理解。童真的孩了在这样的游戏中会获得我们大人不能想象的各种感情，所以家长不要以为这只是在做戏，就不和孩子玩这样的游戏。尽可能把我们的童真唤醒，陪孩子玩并亲自去表演。

（3）娃娃家

在家中不同的墙面贴上“厨房、卫生间、卧室”等字样或是直接摆放上一些相关物品，给宝宝一个洋娃娃，然后您提示宝宝“快，快，娃娃醒了该吃奶了，把奶瓶给孩子。娃娃要尿尿了，赶快去卫生间”等。观察孩子在您的语言提示下，能否模仿您平时的动作完成。

【讲解】在游戏中，家长要注意用纯语言形式引导孩子去做相关的动作。当然，最好的方式就是家长和孩子一起做，提高亲子关系和孩子的语言表达能力、想象力。之所以在“娃娃屋”上贴字，是让孩子在游戏中轻松地认汉字。

（4）你为什么喜欢他

准备家里人的照片、宝宝接触过的卡通人物或动物贴画等，把它们都贴在一张大的白纸上。先让孩子说说他们都是谁，然后问问宝宝“你最喜欢谁”，并让宝宝说说喜欢他的原因。

这个游戏适合2岁半以上的宝宝玩，或者语言表达能力比较强的宝宝也可以尝试玩这样的游戏。对于稍小一点的宝宝，不用让孩子说喜欢的原因。但您可以根据宝宝的喜好列举原因，让宝宝听听是不是。

【讲解】通过讨论，帮助宝宝建立“偶像”。同时在讨论的过程中，也促进了孩子语言表达能力的发展。

致家长的话

孩子是需要引导的，除了您给予的谆谆教导，您还可以帮助孩子建立一个可以崇拜的“偶像”。偶像不一定是完美的，但它一定是孩子喜欢的、信服的、愿意亲近的。这样孩子的成长就不会孤独，他有了心目中的伙伴。

7. 我是男生，你是女生

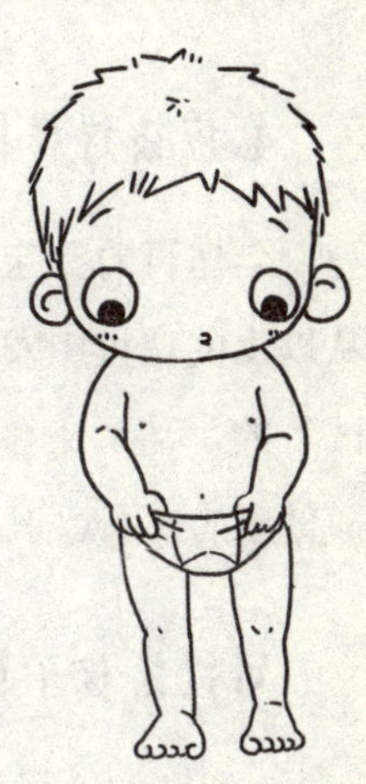

您有没有为宝宝经常用手玩“小鸡鸡”烦恼过呢？当您看到宝宝的这个举动时，您是怎么处理的？

A. 马上制止，并且轻轻地打孩子的小手以示警告。

B. 悄悄地拉开孩子的手，或是用其他事物吸引宝宝转移注意力。

C. 用表情和动作“羞羞宝宝”，以后给宝宝换上蒙裆裤，防止宝宝再用手去玩。

D. 告诉宝宝这是“小鸡鸡，是宝宝用来尿尿的”。

E. 其他。

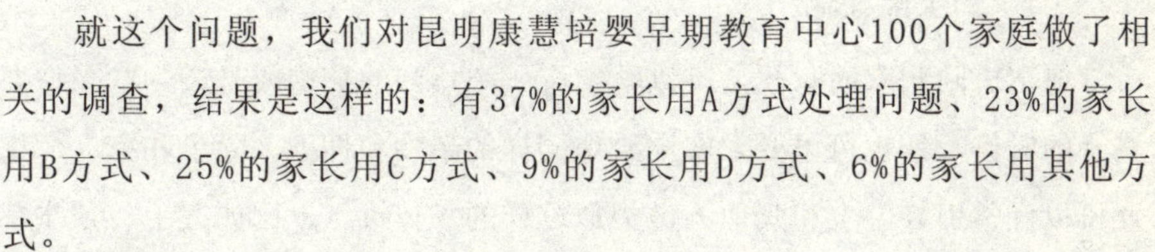

就这个问题，我们对昆明康慧培婴早期教育中心100个家庭做了相关的调查，结果是这样的：有37%的家长用A方式处理问题、23%的家长用B方式、25%的家长用C方式、9%的家长用D方式、6%的家长用其他方式。

那效果如何呢？在继续调查中发现，70%以上的宝宝依然改不掉这个“坏毛病”，还是会不时地去玩自己的“小鸡鸡”，有的宝宝甚至还会去玩其他宝宝的“小鸡鸡”。有的家长甚至流露出对宝宝“是否有道德问题”的担忧。

这是怎么回事？您一定也为此伤透脑筋了吧？

●相关提示　婴儿在出生的时候就是有性别的，但是他们的行为是不受性别意识支配的，当婴儿开始探索周围的环境时，他们自己的身体也是被包括在内的，这种探索是健康的，家长千万不要以为孩子存在“道德问题”。宝宝对自己身体器官的探索以及通过和别人的交往，逐渐建立了自我意识和对性别的理解。

性别意识是宝宝形成自我意识的一个重要组成部分。性别认同的发展是一个从出生就开始，而且一生都在延续的学习活动。家长要以积极的态度去引导孩子树立性别观念，不要让孩子以为他的探索是“羞耻”的。

形成性或性别角色方面的认识是同自己身体上的性别特征的发展联系在一起的，但它也包括了情感方面的自尊的发展和在家庭、同伴全体和社会中进行的社会化过程的发展。

您应该这样做

当您再看到宝宝这样的行为时，答案D是可以选择的最佳方式。也是从以上的调查中发现：绝大多数的家长对性别意识方面的教育是存在“误区”的，甚至还存在一定的陈旧观念，这样的观念会大大地影响您宝宝形成健康的性别意识，导致孩子未来可能会出现一些心理问题。

可以给孩子做的游戏

（1）和宝宝拥抱

您下班回到家的时候，可以给宝宝一个热烈的拥抱或是亲吻。当您要离开的时候，您也可以要求宝宝给您同样的亲吻和拥抱。除了和家人，您还可以经常引导宝宝和其他人做类似这样的身体接触，比如握手、顶牛、贴贴脸等。

【讲解】帮助宝宝懂得同别人的亲密接触是令人愉快的事情。

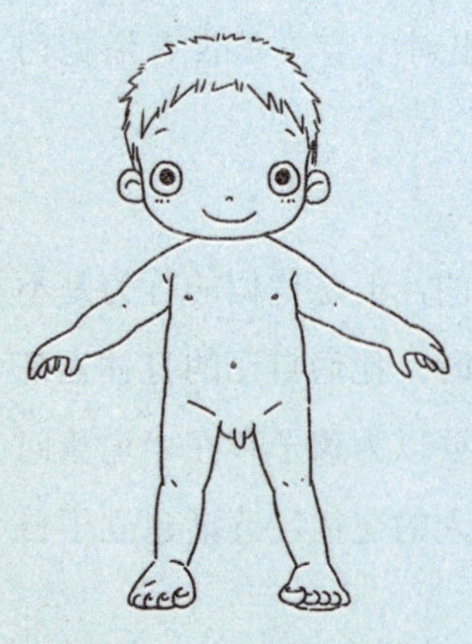

（2）认识身体器官

宝宝从出生就开始通过各种方式积极地探索并认识自己的身体器官，比如他在4、5个月的时候，经过探索就知道手可以让铃铛发出声音。在以后的日子里，您也一定教宝宝认识了一些身体器官，比如，您会让宝宝指认“耳朵在哪里，嘴巴在哪里”等。稍大些的宝宝，您甚至已经提问宝宝器官的用途了，比如“用哪里吃饭啊，眼睛用来做什么”等。您不妨在宝宝对身体器官的认识中加入

“性器官”的认识。您可以直接提问“宝宝的小鸡鸡在哪里”、“宝宝用哪里尿尿”等。不要觉得“害羞”，这对宝宝非常有益。

（3）性别配对

在宝宝有了“男生”、“女生”的基本概念后（这个概念一般是家长以强化记忆的方式告诉宝宝的），开始的时候，您可以先帮助宝宝理解和性别有联系的其他概念，比如挑衣服，在带宝宝去商场购物的时候，您可以引导宝宝理解妈妈穿什么样的衣服、鞋子；化妆品是给谁用的；爸爸喜欢的衣服是什么；爸爸的头发是什么样子，等等。还可以利用一些玩具娃娃和配套的衣服、头饰，让宝宝给娃娃打扮。

【讲解】理解和性别相关的衣着特征、外貌特征。

（4）谁当妈妈、谁当爸爸

在孩子生活的环境中创建相关的游戏区，比如厨房区、工具修理区等，引导孩子进入游戏并扮演不同的角色。先让宝宝自己挑角色，“你是当爸爸还是妈妈”，在宝宝扮演的过程中，尽量先观察宝宝针对自己扮演的角色是否能把握性别特征，适当的时候可以提示宝宝他可以做的事情。

也可以根据游戏工具的不同，让宝宝自己选择他想扮演什么，比如，男孩子看见枪的时候，一般会主动要求扮演警察，女孩子看见小锅的时候会主动要求去做饭。无论宝宝要求做什么，您不要用您陈旧的性别观念去干涉孩子的选择和行为，让宝宝自己试试。

【讲解】促进孩子对性别形成健康的认识。在不同角色的扮演中，不要限制宝宝对性别的开放式的选择，打破僵硬的性别界限。比如，男孩子在学习照顾宝宝的过程中，他会把女性的细心和同情心融入游戏。这样的游戏会引导宝宝成为更完整的人。

（5）宝宝喜欢的人

提前从废旧书刊上剪下一些成人图片，然后提问宝宝：“您喜欢谁当宝宝的阿姨”、“谁当警察抓坏蛋”、“他是做什么的”等问题。

【讲解】理解和性别相关的职业特点和心理特点。

关于“性”教育中应该注意的问题

当您的宝宝对性器官发生兴趣的时候，可以用宝宝能认同的方式和语言正面告诉他。不要用“羞羞”的方式，以免宝宝对性别认识产生羞耻感或犯罪感。

当您发现宝宝过于频繁地玩耍性器官的时候，您应该反省一下，宝宝的生活环境是否太恶劣，没有能让宝宝感兴趣的事物，要及时地调整环境。

当宝宝因为玩耍性器官发生勃起现象的时候，您要安慰孩子，不要让孩子觉得恐惧。告诉孩子，“没有关系，等一会儿就好了”。

对于性和相关问题的解释，尽可能做到与孩子的年龄发展水平相适宜，要简单、诚实。

通过模仿游戏或是角色游戏来增强宝宝对性别的认识是比较科学的方法，而不要用强化记忆的方式，让孩子记住周围人群的性别。

性别认识不单只是认识“××是男生还是女生”的问题，对于这个问题的认知过程，可以帮助宝宝形成健康的心理。

让宝宝知道他（她）的某个身体部分是和爸爸或妈妈相似的、一样的，这会帮助宝宝理解性别概念，并形成性别认同。

致家长的话

我们教孩子认识很多事物，别忘了，教孩子认识自己的性别也同样的重要！

8. 宝宝，小心

宝宝太小了，他们还不能轻松地远离那些可能会伤害他们的或可怕的危险。宝宝也是天真的，有时他们并不能认识环境中潜在的危险。宝宝是相信一切的，他们不能阻止成人、陌生人或朋友对他们的伤害。所以，您有必要尽可能提供一个安全的生活环境，同时，要通过游戏的形式帮助宝宝认识危险，练习各种各样自我保护的技能。

场景扫描

宝宝端着杯子走向饮水机，他正在努力地压红色的笼头；

宝宝的球掉到了楼梯下面，他正扶着栏杆费力地挪动脚步，想下楼梯；

您把宝宝放在床上，刚转身去厨房给他弄吃的，他就爬到了床边；

宝宝无意中拉开了抽屉，正一拉一抽玩得高兴。

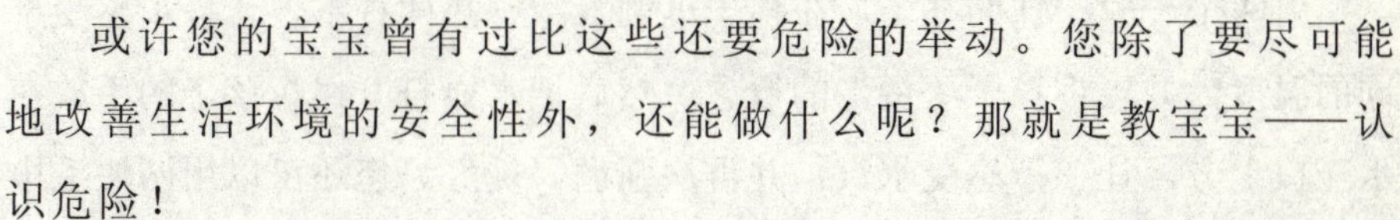

或许您的宝宝曾有过比这些还要危险的举动。您除了要尽可能地改善生活环境的安全性外，还能做什么呢？那就是教宝宝——认识危险！

●相关提示　宝宝在自我意识领域方面的发展包括了解安全和健康的方式以及练习各种各样的自我保护技能等内容。在对宝宝的安全教育方面，家长首先要帮助孩子认识危险的存在，可以通过积极的身体体验形式帮助孩子认识；其次，要帮助孩子掌握一定的危险发生时候的处理技巧，包括身体适应性和心理适应性。

要提醒家长注意的是：安全教育主要包括两个方面——人身安全和心理安全。结合宝宝的实际生活环境，具体主要包括有：用电安全、易碎物品处理、危险物品处理（刀、剪、化学物品、温度高的物品等）、认知危险事物和危险环境、避免危险性尝试行为、交通安全、健康的交往方式、应对独处和紧急危险等。积极的安全教育将有利于宝宝形成积极的自我保护概念、尊重自己的身体、更好地和别人交往。

在对宝宝进行安全教育的同时，也提醒家长，宝宝毕竟还小，无论您是否曾对宝宝进行过安全教育，有的危险孩子还是不能应对的。所以，家长要尽可能地减少宝宝生活环境中的不安全因素，同时自己也要掌握一些发生紧急危险或事故时的应对技巧，然后才是针对宝宝的安全教育。

游戏篇——认识危险

（1）认识“高”

您故意把孩子放在高约10～15公分的平台上，看孩子的反应。大部分会爬的孩子会马上翻下来，没有特别害怕的表情。然后再把孩子放到90公分高的桌子上，家长要在一边保护孩子，看孩子趴在桌子上的时候是什么表情，孩子是否会在爬到桌子边缘的时候就停止动作。在游戏结束以后，告诉孩子这很“高”，很危险，宝宝不能爬到上面来玩，如果下不来就要喊妈妈。

（2）认识“烫”

用两个一模一样的杯子，在杯子里倒入冷、热两种水，让孩子感受不同的温度，并告诉孩子“烫”的概念。然后把水壶打开，拉孩子的手放在水壶口上方，让孩子感受水汽，并再次强调“烫”。您还可以用两块毛巾分别浸过冷、热两种水，把毛巾给孩子的时候，告诉孩子哪个“烫”。

用类似的方式，您还可以教宝宝认识“扎手”、“夹手”、“咬人”、“摔跤”等危险信号。

【讲解】在这样的游戏活动中，您需要注意观察宝宝是否能够判断环境和事物的变化、有没有危险意识，并做出相应的反应。这样的游戏可以帮助宝宝理解危险信号的概念，建立相应的安全模式，促进宝宝自我意识的发展。

帮助自己

生活中的很多危险是可以避免的。比如，您可以把水壶放到宝宝碰不到的地方，那样就可以避免宝宝受到伤害了。但同时，您也限制了宝宝独立性的发展，让宝宝不知道如何帮助自己、保护自己，您一定有希望您的宝宝有一定的独立性，但又不得不面对危险的“矛盾”，怎么办呢？最好的办法就是帮助宝宝练习各种自我保护的技能。

（1）学倒水

您应该给宝宝准备一把小茶壶，提前在里面装上宝宝要喝的水，并把它放在宝宝方便拿的地方。宝宝玩累了、渴了，您需要做的就是提醒宝宝自己去倒水喝。当然，刚开始的时候，您可以适当地帮助宝宝完成，以后就放手让宝宝自己来吧，不要怕他把水洒得到处都是。

【讲解】游戏提高了宝宝的自理能力，同时也训练了宝宝眼手的协调性。

（2）骑马翻跟斗

当宝宝在摇马上骑得高兴的时候，突然从后面轻推，让宝宝身体猛地朝前方倾斜并翻倒，观察孩子的反应。这个动作是需要您的保护的，您的手始终都要拉住宝宝后背的衣服。刚开始的时候，宝宝会有些害怕，不可以强迫他，只是偶尔练习一下。练习的时候要教会宝宝用手支撑地，并慢慢趴爬下来。

同样，我们还可以帮助宝宝练习如何从箱子里爬出来、如何从床上爬下来等。

【讲解】提高宝宝身体的协调性，促进宝宝自我意识的发展。

（3）学用剪刀

宝宝很多危险行为的产生，和宝宝想探索新事物是分不开的。与其限制宝宝的探索，不如放手，虽然有一定的危险，但有了现在的练习，以后就安全多了。

给宝宝儿童用的安全剪刀，教宝宝用剪刀剪开纸。还可以用同样的方式，让宝宝学用玩具螺丝刀、夹子等。但在生活中，这些东西还是尽可能不让宝宝接触到。

【讲解】提高宝宝使用工具的技巧，防止宝宝在使用工具时受到伤害，促进宝宝的自我意识的发展。

●**相关提示**　随时给宝宝灌输安全意识：比如坐自行车的时候要系上

安全带，过马路的时候要等候红灯，什么情况下找警察叔叔、拨打110电话等。尽管孩子自己可能不会做，但需要的是帮助宝宝建立安全意识。

结合场景或是宝宝正处于的状态，告诉孩子什么是安全的、什么是不安全的、应该怎么做。

家长要养成定期检查环境安全的习惯。

帮助宝宝认识安全的时候，要用积极的方式，而不是采取消极的方式。比如，宝宝非常喜欢玩剪刀，您与其把剪刀藏得远远的，不如拿出来指导他玩。否则，您不小心让孩子拿到剪刀他自己就会随便玩了。

当宝宝从某种危险环境中脱离以后，如果以后遇到同样危险的场景，您不要用消极的口气吓唬孩子："您还记得××吗"、"不准碰"，这样会让孩子变得特别胆小。您要正面提示孩子，给他正确的信息，让孩子懂得远离危险。

致家长的话

除了要呵护好孩子成长的每一步，还要教会孩子自己保护自己、自己照顾自己。

9. 每个声音都是一种感动

我们生活在一个声音的世界里，宝宝还在妈妈肚子里的时候就对声音有知觉了。宝宝一出生听觉就开始发育，9个月左右的时候，宝宝对"声音是怎么产生的"发生了兴趣，那个时候的他喜欢"扔东西"，以此来探索这个问题的答案。1岁半以后的宝宝，对这个问题的探究就更深入了，他开始采用多种方式去探索更多的发音形式。一个"伟大"的发明家诞生了……

您和孩子的"晚餐交响曲"

吃完晚饭了吗？不要着急收拾碗筷，留一点儿时间让您和宝宝一起玩个游戏吧！对宝宝做一个表示“安静”的动作。接着您用一支筷子分别击打桌子上的碗、碟，击打的时候可以有一定的节奏和变化。看看孩子什么反应？

不要犹豫，赶快给宝宝一支筷子，一起来演奏“晚餐交响曲”吧！

看到了吧？宝宝非常愿意玩这个游戏。在我们平时看似“胡乱敲打”的过程中，他不但获得了快乐，而且也感受到了不同事物发出的不同声音。从这里开始，宝宝展开了对声音的无限思考和想象……

用游戏让孩子探索并“制造”各种声音

（1）击打碰撞会产生声音

您随意找一些生活中的物品，引导宝宝用筷子去击打发出声音；也可以用任意两件东西互相碰撞发出声音。无论发出什么声音，您最好能生动地用一个拟声词“咚——”、“哐——”、“啪——”等去描述一下。让宝宝能很好地感受相同的撞击形式会让不同的事物发出不同的声音，进一步激发孩子对声音的思考。

（2）快速运动的物体会发出声音

用线绑上一个小蜡丸，快速转动，让宝宝仔细听听发出的声音“呜——”

还可以利用传统玩具“绕曲儿”，一松一紧地拉动绳子，让孩子感受旋转的方式也可以制造好听的声音。

（3）“吹”出来的声音

准备一个空的牙膏盒，您示范如何吹盒子制造声音；还可以用树叶子、塑料片等吹出声音；利用哨子、口琴、小号等玩具吹出声音。游戏不必强调曲调、节奏，目的是让孩子感受多种发音形式。

（4）“擦”出来的声音

给宝宝一块小泡沫板，带他擦擦屋子里的各种物品。引导宝宝对比擦金属发出的声音、擦木头家具发出的声音、擦玻璃门发出的声音有什么不同。让孩子对相同动作，为什么会产生不同的声音产生思考。

（5）“流动”的声音

给宝宝一盆水，保持安静。然后您和宝宝伸手进去搅动水，让宝宝听听是什么声音。

孩子洗完澡后，您让孩子听听水池里的水从漏洞里流走的声音。郊游的时候，您可以带宝宝去有小溪或泉水的地方，听听小溪是怎么唱歌的。让孩子对水等液体的流动方式及声音产生思考，同时还可以思考自己的动作和声音产生的联系。

●**相关提示** 引导孩子做相同目的的探究活动会启发孩子的发散性思维、逻辑思维和探索能力。例如，在本组的游戏中，游戏目的是相同的——要让事物发出声音，但采取的手段却可以多种多样。在这种探索活动中，没有限制游戏的方式，也不必考虑适合的游戏材料，任何东西（只要保证安全）都可以提供给孩子让其做开放性的探索。

开放性的探索活动不同于“瞎玩”，孩子在探索过程中有了目标，继而围绕目标开始探索。这是一种孩子可以控制的、选择的、自主安排的探索活动，而且容易获得探索成功的体验，从而增强了孩子对自己能力的认识和认同。

致家长的话

让宝宝在不受限制的游戏或活动中通过自己的尝试达到某个目标，会让孩子对自己充满信心，认为自己是可以主宰世界的人。

第四章 帮助宝宝认识世界

宝宝带着无限的疑惑来观察周围的世界，他想知道这是什么、那是什么……年轻的家长，您做好准备了吗？就让我们带上宝宝一起扬起认识世界的风帆。

1. 打开宝宝的“万花筒”

世界是一个“万花筒”，宝宝对“万花筒”里的任何事物都充满了好奇。您也很想教孩子认识“万花筒”里的世界吧？那如何帮助宝宝打开这个“万花筒”呢？

您是否善于帮助孩子认识事物

①孩子从商店橱窗经过时，您会向孩子介绍里面陈列的物品吗？

A. 会　　　　　B. 不会

②孩子问您“这是什么”的时候，您会耐心地告诉孩子吗？

A. 会　　　　　B. 不会

③您带孩子去过博物馆、展览馆之类的场所参观吗？

A. 去过　　　　B. 没有

④您和朋友聚会时，会带宝宝一起参加吗？

A. 带　　　　　B. 不带

⑤您给孩子买的书超过20本吗？

A. 超过　　　　B. 没有

⑥您让宝宝看电视吗？

A. 让　　　　　B. 不让

⑦对于孩子从外面捡回的树叶子、小棍子、小瓶子等东西，您是怎么处理的？

A. 先做一定的卫生处理，然后帮孩子收好

B. 太脏了，当垃圾扔掉

⑧您在给孩子讲故事的时候都用什么书？

A．没有什么特定的规矩，只要宝宝感兴趣的书籍（包括大人的书籍），我都会给他讲

B．一般都用《婴儿画报》之类的专刊给孩子讲故事

⑨您定期带孩子外出郊游或旅游吗？

A．有　　　　　B．没有

⑩当孩子参与大孩子的活动受到伤害时，您会怎么做？

A．告诉孩子没有关系，以后继续鼓励孩子参与到大孩子的活动中

B．不准孩子参与大孩子的活动，防止再被伤害

⑪您带孩子做过什么小实验吗，比如喷水出现彩虹、滴入某种试剂让水变颜色等？

A．做过　　　　　B．从来没有

【评分】A—1分；B—0分

【分析】得分≤3分，您是一位不善于帮助孩子认识事物的家长。或许您是因为工作太忙，实在没有时间创造机会帮助孩子认识事物，那您要想办法解决这个矛盾。您还需要反省一下：是不是太过于限制孩子的认知形式了，以为只有孩子问您“这是什么”的时候才是孩子认识事物的开始？如果是这样，您对照测试看看自己的问题在哪儿。

得分为4～7分，您能很好地帮助孩子通过多种方式来认识事物。您知道孩子认识事物的形式和渠道是多种多样的，他可以在正式的学习中认识事物，也可以在日常生活中认识事物，在与人接触的过程中也可以认识事物，您是一位很积极的家长。您需要做的是更大程度地激发孩子认知的欲望。

得分≥8分，您是一位非常善于帮助孩子认识事物的家长。在引导孩子认识事物的过程中，您不拘泥于传统的方式，能灵活地根据孩子的兴趣给孩子创造认知的机会。您的出发点不是“让孩子认识什么”，而是“孩子想知道什么”，这样的方式会极大地激发孩子主动认知的欲望。

如何扩大孩子的认知范围

孩子对周围环境里的一切物体都是充满好奇的，我们在教孩子认识事

物的时候是没有什么限制的，只要是健康的、积极的、安全的都可以教孩子认识。区别在于有的事物孩子容易掌握，而有的事物孩子要通过亲自操作或体验才能理解，不同事物的认知学习需要采用不同的方法或方式。在扩大孩子认知范围方面，重要的是探讨可以通过哪些方式或渠道让孩子认识事物：

利用日常生活帮助孩子认识他可以亲自看见或听见的事物。

尊重孩子自发的认知手段并给予合理的引导。比如，孩子可能会在路边随意地捡他感兴趣的东西，或破坏性地想认识事物，家长不要打击孩子的积极性，而要给予适宜的帮助和引导。

利用图书、电视、广播等媒介，引导孩子认识自己可能不能亲历的事物。

利用实验手段引导孩子认识存在于事物深处的一些概念。

让孩子和比他有更高认知水平的幼儿一起玩耍，他们之间的交流和游戏会让孩子在比较自然的状态下认识事物，从而扩大孩子的认知范围。

利用游戏等形式增强认知活动的兴趣，认知活动不能总是“指认型”学习。

在这里特别指明，孩子的认知不单纯是认识“这是什么”就可以了，还要认识事物的名称、用途、特性、功能，等等，同时让孩子通过体验能在其他的智力活动中利用这些认知。

可以给孩子做的游戏

（1）打牌

准备各种卡片，有动物卡、用品卡、果蔬卡等，把它们当做“牌”，这可以根据宝宝的实际认知水平来选择。您和宝宝交替出牌，出牌的时候要同时说出牌上的事物是什么，如果说不出来，就要受到小小的“惩罚”——弹脑门（很轻）。

对于语言能力不强的孩子，您可以提前给宝宝挑出5张牌，然后您说“宝宝出××”，看宝宝能不能挑出正确的一张。如果宝宝出错牌，也要“受罚”。

在和孩子玩的过程中，您要适当安排您的错误，让宝宝也可以弹您的脑门，对于宝宝不会说的或说错的事物您要及时纠正。游戏中“弹脑门的惩罚”方式是为了增强活动的趣味性。

【讲解】增强孩子的认知水平，扩大认知范围。

（2）我的宝贝呢

找一些您想让孩子认识的事物或卡片，您告诉宝宝您最喜欢的是“××”，它是您的宝贝。您闭上眼睛，另一个家长帮助宝宝把这个宝贝藏在身后，然后您睁开眼睛假装说“我的宝贝呢，它去哪儿了？”故意找一小会儿，然后“恳求”宝宝还给您。

等宝宝理解了游戏规则，您就可以直接说了：“我的宝贝变成了××。”不能暗示宝宝是哪个事物，只鼓励宝宝藏起来。看宝宝能否拿对。

【讲解】以藏东西的形式帮助孩子认识事物，增强孩子认知学习的兴趣。游戏的难点在于如何让孩子理解游戏规则。

（3）快乐的动物园

在家里沿某条路线摆放一些动物卡片（有的卡片孩子不知道是什么），让孩子沿路捡起卡片，边捡您边告诉孩子“这是什么”，还可以给这个动物配上声音或动作。当然，带孩子去动物园是最好的方法。

【讲解】以游戏的方式教孩子认识事物，增强认知活动的趣味性。

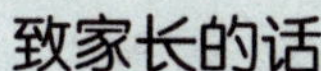

致家长的话

帮孩子打开大千世界这个“万花筒”，让他认识更多的事物。

2. 制作一本《生活周刊》

如果您是一位热爱生活的妈妈，就随我们一起来做一本“特殊”的杂志吧。

您现在需要准备一把剪刀、一瓶胶水、各种照片、美术作业本、一些被宝宝撕坏了的婴儿画报和一些您想扔弃的各种废旧书刊……都准备好了吗？最后，您需要准备的是一份心情，一份对生活的爱，带上宝宝一起“工作”吧！

生活是什么？您可能会说“生活就是工作、学习、吃饭、带孩子……每天都有不得不重复的事情”。您不妨问问宝宝“咱们每天都做些什么”，听听宝宝是怎么回答的。然后您可以以时间为顺序，引导宝宝回忆从早晨开始的你们一天的生活，一边回忆，一边和宝宝开始找图片做杂志。

确定时间

先剪出各种太阳，问问宝宝“哪个是早晨的太阳”。无论宝宝的回答是否正确，您都不要马上表态，尊重宝宝的选择，并且把他选的太阳贴到白纸的正上方。您需要做的是——

从明天开始带宝宝看看早晨的太阳是什么样子，晚上太阳又去哪里了。太阳不见的时候，谁又出来了？两个都不见了，是怎么回事呢？

【讲解】锻炼宝宝主动观察事物的能力，提高孩子独立思考的思维。

确定人物和事件

太阳贴好以后，您把每个家庭成员的照片剪出来，分别贴在几页白纸上。然后提问宝宝“妈妈早晨做什么”，等孩子回答完以后，继续提问“做这个事情需要什么东西呢？”再引导宝宝找出相应的图片，把它剪下来，贴在妈妈照片的旁边。比如，宝宝说“妈妈早晨要上班”，那您就提问：“妈妈早晨上班需要些什么呢？”引导宝宝找出妈妈上班要用的包、衣服、鞋、车、饭盒等。再用同样的方式提问，有关爷爷、奶奶或其他人物。如果宝宝配合，后面要做的事情可以让宝宝独立完成。

您还可以引导宝宝观察早晨还有什么东西，比如，先把树的图片贴好，问问宝宝：“早晨树上有什么，它在做什么？”

用同样的方式，您和宝宝每天“工作10分钟”，要不了几天，一本《生活周刊》就做好了。现在，只需要您给书做件漂亮的“外套”，然后交给宝宝收好！

【讲解】提高孩子的归纳性思维。

讲故事

自从有了这本书，您就可以和宝宝一起讲故事了。“早晨，天亮了。妈妈要去上班了，妈妈先穿好衣服和鞋，然后拿着漂亮的小包下楼开车上班去了！”……一开始您帮助宝宝完成，您帮助的时候，语言尽可能生动、丰富。几次以后，等家里来客人的时候，您就可以让宝宝自己讲给大家听了。

【讲解】提高孩子的语言表达能力和表演能力

发现宝宝进步了

家长总认为3岁以下的宝宝容易分心，做什么事情都没有计划，如果让他独自一人乖乖地玩玩具，那是非常困难的。与其他老来缠您，不如您放下手上的活陪他玩一会儿，帮助他几次后，就可以放手让他自己做了。由于有了您的引导，宝宝不仅学会了观察生活和周围事物，还学会了安排和计划生活。您说宝宝能不变聪明吗？

同样的方法，您还可以引导宝宝完成《夜晚的世界》、《逛食品超市》、《快乐的动物园》等贴画杂志。在这样的游戏里，宝宝会在很多方面取得进步：

宝宝在动手的游戏中专注力提高了；

宝宝的手变得灵巧了；

开始掌握分类的技巧，知道哪些是动物、哪些是食物；

学会更好地观察生活和周围事物；

理解做事情的先后顺序，有计划性了；

更爱惜书了。

您还可以这样让孩子认识生活

让孩子尽可能多地参与家务劳动和家庭集体活动，让孩子感受生活中除了游戏以外还有许多其他活动；

如果可以，带孩子参与您和朋友的聚会或其他应酬活动，让孩子逐渐掌握适当的社交礼仪，感受生活中的交往过程；

有机会带孩子去农村生活一段时间，或是带孩子出去旅游，让孩子了解除了自家的小天地外，还有另外的大方圆；

当孩子面对挫折或困难的时候，不要急于把孩子解救出来，让他体味生活中的失败，增强心理承受能力；

当您和家庭面临危机或是困难的时候，您应该用孩子可以理解和承受的方式告诉他。比如，您可能面对离婚的危机，您应该告诉孩子，但不要把您的爱憎强加给孩子。

致家长的话

基于真实生活的教育才能让孩子更好地学会观察生活、体验生活。教会您的宝宝去体会生活吧！

3. 您会教宝宝“学数学”吗

宝宝生活在物质的世界中，周围环境中形形色色的物体均表现为一定的数量，有一定的形状，大小也各有不同，并以一定的空间形式存在着。因此，宝宝自出生之日起，就不可避免地要和数学打交道。教宝宝掌握一些简单的数学初步知识和技能，能使他们更好地认识客观事物，与人交往。

您是一位好的“数学老师”吗

①夏天吃西瓜的时候，告诉宝宝大西瓜重、小西瓜轻。

②给宝宝喝可乐的时候，用不同大小或不同形状的杯子装。

③切蛋糕的时候，告诉孩子一个蛋糕可以切成许多块。

④拿糖的时候，告诉孩子，糖盒里的糖被宝宝吃了，就变少了。

⑤每次吃饭的时候，让宝宝“帮忙”分发碗筷，告诉宝宝，一个人要两只筷子、一个碗、一把汤匙。

⑥每天带孩子出去做户外活动的时候，和孩子一起数数楼梯。

⑦带孩子去超市购物的时候，教孩子认认“价签”上的数字；认车牌号也一样。

⑧家里的东西“各有几样”都教孩子认识过，比如有2台电视、4把椅子、1个冰箱等。

⑨和宝宝一起给他的动物玩具排排队，按玩具的高度或按其他方式排。

⑩全家“比赛”跑步时，告诉孩子谁是“第一”、谁是“第二”、谁是“第三”。

⑪孩子想吃饼干的时候，问问他要方的，还是圆的？

⑫告诉孩子您下班的时间，并教孩子通过时钟的指针位置来判断。

⑬您会明确地告诉孩子，东西不能放在××上面，要放在××的旁边。

⑭和孩子一起数数，从沙发走到厨房要走多少步。

⑮给孩子买过和数学学习有关的玩具。比如天平、套桶等。

以上这些，您这样做过吗，是否经常做？请家长边看边计算得分。

A. 经常这样做（2分）B. 偶尔做（1分）C. 基本没这样做过（0分）

【分析】得分≤7分，您是一位不太善于引导宝宝进行数学学习的家长。或许您认为宝宝还太小，没有必要进行“复杂”的学习。如果真是这样，您需要改变您的观念，因为婴幼儿的数学学习不像您想象的那样复杂，它只是让宝宝在生活中感受一些和数或量相关的信息，不是小学数学教育提前化。

得分为8～17分，您基本能引导宝宝的数学学习。您已经意识到宝宝的数学学习非常重要，并能有意识地结合生活过程给孩子一些引导，甚至是刻意的训练。但您现在做得更多的是教孩子认数或数数，至于更深层的数学学习却不知道怎样开展。您需要的是了解适合宝宝学的内容及家长教的方式。

得分≥18分，您在引导宝宝学习数学方面有非凡的能力。您能结合生活的各个环节帮助孩子感知数学学习的各个方面。相信，在您的帮助下，您宝宝以后的数学学习会比较轻松。

3岁以下的婴幼儿可以开始的数学学习

（1）感知集合

A. 让宝宝学习简单的物体分类　　B. 认识“1”和“许多”

C. 比比哪边多、哪边少

（2）学习数字

A. 认识数字　　B. 感知数字顺序，会背数、数数

（3）认识简单的几何图形

（4）初步感知量

A. 认识大小、长短、高矮等　　B. 会排序

C. 简单的测量方法

（5）初步感知空间位置关系：认识上、下、里、外等

（6）时间初步认知：感知早晚，知道钟的用途

误区解答——不要把小学数学教育照搬给宝宝

不要把小学数学教育照搬到幼儿身上，让孩子通过强化记忆记住计算结果。数学学习是非常抽象的学习，它需要孩子从对事物具体形象的理解，过渡到对其表象的认识，最终达到理解算式的抽象思维。在这里，我们特别强调，家长不要随意地用小学课本来教孩子。

除此之外，数学学习包含的内容十分广泛，不单纯指计算过程。对幼儿来说，在生活中让他慢慢地感知数学的各种“含义”更重要。

致家长的话

我们生活在一个数学的世界里，不要把宝宝的数学学习兴趣限制在那几本薄薄的书上。

4. 有趣的数字游戏

数字是宝宝进行数学学习的重要内容，那您是怎么教宝宝认识数字的呢？

您可以用不同颜色的彩笔写给孩子看；也可以让孩子玩数字拼图游戏，让他逐渐了解各个数字的形状；还可以在外出的路上，教孩子认识车牌号码……总之，有很多方式，可以让宝宝认识数字。

在家的时候，您不妨和宝宝一起玩玩下面这些游戏——

（1）送信回家

用挂历纸折两个信箱，信箱上分别写上“1和7”，然后给孩子一些写有1和7的小卡片，让孩子把这些卡片装在相应的信箱里。数字也可以是这几组：“3—8”、“6—9”、“2—5”等，这几组数字容易让孩子产生混淆。

【讲解】在指认学习的基础上，我们把分类游戏引入到数字认识当中，巩固孩子认识和区别数字形状的能力。

（2）背数、学唱数字歌

教孩子一些儿歌，包括10以内的数字，比如："1、2、3爬西山；4、5、6河边溜；7、8、9爷爷最喜欢喝小酒"，"你拍1，我拍1，一只小猫钓大鱼"等，您可以采用儿歌、民谣等多种形式增强孩子背数的兴趣。相关的儿歌，家长可参考其他书籍和专业的儿童用的音像制品。

【讲解】孩子对数字的兴趣不是与生俱来的，我们需要在生活中创造环境，让孩子能经常接触和数有关的事情，能理解家长对数字的描述。

（3）数字配对卡

准备一些硬卡片、废图片做一套"数字配对卡"。在卡片上可以贴上1个西瓜、2个苹果、3个娃娃、4个杯子等，并在卡片的一个角落，写上相应的数字。经常给孩子看，并反复强调"1个西瓜、2个苹果……"等孩子熟悉了以后，您可以这样提问："1个什么……"提示孩子把西瓜找出来，然后再制作一套不同的卡片，直接让孩子试试能不能找出所有有"1"的图片。比如，可以是1个西瓜、1块蛋糕、1片树叶、1辆车等。

【讲解】孩子通过对应实物数量与数字卡，增强了把表象信息转换成抽象信息的能力，这有利于孩子抽象思维的建立，为孩子通过记忆数字形状联想数量关系奠定了基础。如果孩子不认识数字形状，那孩子的数学学习就会更抽象，孩子会觉得更不容易理解。所以，先让孩子认数字是非常必要的。

（4）比高矮

找两根成比例的小积木，在上面分别标上"1"和"2"，做成标准数字柱。让孩子看看，谁长得高，谁长得矮。帮助孩子总结，"2"长得高，

“1”没有“2”高。

【讲解】通过具体可感的长度比较过程，让孩子理解数字的“量”的含义。游戏的目的主要是让孩子从理解事物表象的思维阶段过渡到抽象的思维阶段，不要求孩子能马上达到精确的量的概念阶段。

（5）写门牌

用卡片做一些两位数的数字卡，比如12、23、57等，让宝宝找出和您手中一样的门牌来。

【讲解】在能基本识数的情况下，给孩子两个识别因素，让他综合考虑，这促进了孩子数字记忆的能力。

数字学习中的特别提示

数字学习包括认识数字、学习数数、点数，理解简单的数概念。

家长不要急于求成，让孩子马上就学会数数、背数、点数，您需要做的是多给孩子创造数字学习的环境，比如在语言描述中加入数字等。

数的概念的形成属于较难的抽象思维，低幼时期不必强制学习。

要把对数字的认识，从对数字形状的认识扩大到对数字概念的认识。

在认识数字的学习中，我们要把数字形状化，让孩子产生兴趣并容易识记。数字形状的学习对宝宝以后的数学学习非常重要。

培养孩子的数感和数数能力

培养数感并不仅仅是会数数。数感指的是能很轻松地用数字思想和工作，并理解数的各种用途和数字间的关系，它涉及数数、数字的加减计算等方面。数数有助于孩子理解数学的各个方面，应从婴幼儿期就开始注意培养。您可以这样做：

让孩子数一切可以数的东西。数实物能帮助孩子通过亲身体验更好地理解数字。因此，你和孩子之间做数字游戏的最佳选择就是让孩子去数生活中的实物。比如，您引导孩子数楼梯、数过往的车辆等，在孩子练习数数的过程中，还培养了孩子的节奏感并能让他感受时间和空间的关系。

帮助孩了通过点数得到结果。教会孩子用手指着相应的对象一一连续点数，不要跳过某个数，重复几遍并强调最后一个数，然后告诉孩子“一共有几个”，反复多次，孩子基本就能掌握正确的计数过程。

您可以在成一定比例的相同事物上标上相应的数字，让孩子理解数字是用来描述量及关系的。

引导孩子寻找生活中的数字，如门牌号、楼号、汽车牌号等，并与孩子一块讨论数字的用途。例如比赛中的计分，可以用数字给东西命名，根据数字找到房子或街道的地址，也可以给食品标出价格，等等。

通过排队、比赛等多种游戏形式帮助孩子形成“数字序列”，理解不同的数及数与数的关系。

致家长的话

数字学习是其他数学学习的基础，要帮助宝宝巩固好这一基础。

5. 认识生活中的科学现象

在日常的教学和指导过程中，经常有家长问我这样一个问题——“给孩子学点什么”。很多家长认为，让孩子学会认识生活中常见的事物是什么就可以了，有的家长想让孩子认识比较复杂的概念，比如色彩、形状、数字等。但很少有家长问，“需不需要让孩子认识科学现象”。

您可能认为科学是很深奥的，对3岁以下的宝宝来说太复杂了。其实您的宝宝早就对生活中的各种物理、化学等变化发生兴趣了。您还记得这样的场景吗？

炉子上水烧开的时候，孩子看着冒起的“白烟”一脸疑惑；

爷爷看报的时候用的放大镜，被宝宝拿着去试图“放大”任何事物；

妈妈洗碗的时候，倒进去的一点点洗洁精，却变出来许多的泡沫；

……

这些场景都显示了孩子对存在于生活中的科学现象的关注，为什么不早引导孩子认识这些现象呢？

您是否是一位善于引导孩子认识科学现象并进行科学探索的家长

孩子不小心把杯子里的水洒在了茶几上，他正在试图用手“擦桌子”，您会怎么做？

A. 告诉孩子手不会吸水，毛巾才吸水，然后给孩子一块毛巾让他把水擦干净。

B. 先让孩子自己尝试一会儿，等发现无法擦干净水而失去兴趣或耐心的时候，给孩子一块毛巾，让孩子试试。然后告诉孩子，手不吸水，毛巾才吸水，所以要用毛巾来擦水。

C. 给他各种各样可以擦桌子的工具，比如卫生纸、抹布、海绵、塑料布等，然后引导孩子分别尝试并做讨论。

【分析】如果您平时的做法和A家长相似，您是一位不太善于引导宝宝进行科学探索的家长。您可能还没有意识到普通生活中也有很多科学现象和科学原理，例如“水洒在桌子上”，类似这样的生活情景经常发生，您完全可以引导孩子探索一下不同事物有不同的吸水性能。虽然您的解释告诉了孩子手和抹布的区别，但您并没有让孩子理解“吸水”这个过程，只是僵硬地给了孩子一个概念。在引导孩子进行科学探索的过程中，让孩子感受探索过程远比记住概念要重要。

如果您平时的做法和B家长相似，您是一位会引导孩子进行科学探索的家长。您懂得要想启发孩子的探索，首先就要帮助孩子提出问题——“为什么”。您通过放手让宝宝尝试，让孩子自己提出问题：“为什么我的手擦不干净桌子上的水？”然后又通过提供适合的游戏材料让孩子通过对比尝试找到了答案，通过这样的方式完成了一个“对比实验”。应该说，这样的引导是可取的、积极的，如果您能再深入引导一些，效果就更好。

如果您平时的做法和C家长相似，您是一位善于引导孩子进行科学探索的家长。您能敏锐地觉察出可以利用“擦桌子”这样的事件帮助孩子开展什么样的科学探索活动，并及时地提供可以帮助孩子进行“实验”的各种游戏材料，在这一点上，您具备了一名优秀教师的素质。您没有在孩子“实验”前提出让孩子做什么、观察什么现象，孩子的目标是最初的“擦桌子”，但通过实验，他会获得意外的信息。这也是科学探索的一个特点——往往在既定目标探索过程中会有新的结果或结论出现。您需要把握好的是，如何引导孩子进行实验以后的讨论。您可以帮助孩子提出问题，然后引导孩子根据自己的“实验”总结结论。如果宝宝不经您的引导自己提出“为什么”的疑问，您可以引导宝宝，和他一起讨论，寻找回答。

●**相关提示**　家长在引导低幼儿进行科学现象探索时，并不需要一定要给孩子讲清楚所以然，您需要做的是帮助孩子关注生活中的某些科学现象，进而在此基础上给予孩子合理的、符合孩子认知水平的讲解。有条件的家庭要尽可能创建条件让孩子参与到科学探索的动手过程中来，增强孩子的手脑协同性和探索的有效性。

对于0～3岁的小宝宝来说，限于他们的认知水平和智力，有很多在我们成人看来非常普通的现象，对他们而言都显得特别“神奇”。而就在这些现象里，蕴藏了很多的科学道理。

在帮助孩子进行科学学习的时候，您首先要做的是帮助孩子提出问题，即让孩子产生探索的兴趣点；然后您根据探索中可能会采用的实验过程，提供适合的游戏材料让宝宝自由尝试；最后，帮助孩子讨论“实验”结论。

可以给孩子做的游戏

（1）小熊的船

找各种各样的材料，包括碗、盘子、纸张等，做成可以漂浮在水面上的“船”，让宝宝试着把玩具小熊放在上面，让孩子看看哪些小船能乘载小熊、哪些会沉下去？

【讲解】通过引导，帮助孩子探索材料性质的不同，理解沉浮现象。

（2）美丽的泡泡

准备洗衣粉、洗洁精、洗发水、沐浴液等，引导宝宝分别用它们做一瓶泡泡水，然后您吹泡泡，看看哪种泡泡水吹的泡泡最大、最漂亮。在游戏过程中，可以让孩子去“抓泡泡”，提高游戏兴趣。如果孩子比较配合，可以让孩子学着吹吹泡泡。

其次，您还应该借用这个游戏告诉孩子“这些物品是危险的”，提高孩子的安全意识。

【讲解】引导孩子探索事物的化学性质，进行安全教育。

（3）谁最早藏进水里

给孩子准备白砂糖、冰糖、奶糖等，引导孩子观察这些糖放到水里发生的变化（需要一定时间和适当的搅拌）。然后再引导孩子讨论“谁最早藏进水里”。也可以都用冰糖，但准备2杯水（热水、凉水），让孩子对比探索。

【讲解】引导孩子探索不同事物的溶解速度。

（4）配合儿歌做动作

在做游戏之前，可以给孩子指认一下儿歌中将要出现的事物，并让孩子指指在哪里。比如“天黑了，闪电了，小鸟小鸟回家了。轰隆轰隆打雷了，宝宝吓得哇哇叫，下雨啦、下雨啦，哗啦哗啦下雨了”，在念儿歌的过程中最好配合一些表演动作，帮助孩子理解和记忆。比如，当念到“闪电”的时候，您可以捏紧两个拳头互相“碰撞”，当念到“下雨”的时候举起双手，指尖朝下抖动手指。

孩子在这样有一些情景描述的儿歌中可以掌握一些简单的自然常识。儿歌结束后，您可以提问下雨的时候什么样，让孩子表演一下。

【讲解】对1岁半以后的孩子来说，学习说儿歌不仅是简单的动作模仿，孩子需要在反复的练习中及时地了解语意并做出反应，在这里，我们希望家长能经常有耐心地指导，不要只是随意做做。最后，只要家长念儿歌，宝宝就能在旁边做动作。

（5）七色的太阳光

您可以提问孩子：“妈妈穿的衣服是什么颜色？”“教室的墙壁是什么颜色？”然后再问：“太阳是什么颜色？”小朋友回答“红色”，您可以再问：“那太阳发出的光又是什么颜色？”大部分孩子仍然会回答是红色。这个时候您可以用准备好的三棱镜把射进家里的光发散成七个颜色。然后解释：“太阳光有许多颜色，可漂亮了。”“太阳光有七个颜色。”

【讲解】游戏的目的不是让孩子理解光的合成效果，而是让孩子在这种中学生式的物理实验中感受到自然界的变化，让孩子对周围环境中经常感知的事物作深一层的思考。培养孩子思维的深刻性。

生活中，您还可以这样做来增加孩子科学探索的欲望

可以经常带孩子去科技馆、博物馆之类的场所，让他感受科学气氛；
经常引导孩子观察生活中可以看见的自然现象，比如日出、下雪等；
在讲解科学道理的时候要力求做到严谨、合理，不要胡编；
引导孩子参与实验游戏。

致家长的话

不要以为小宝宝不具备“做实验”的能力，给他机会，他会创造自己的世界。

6. 从积木“搭桥”中发现孩子的问题

积木是每个孩子都有的玩具，几乎所有的早期教育专家都鼓励孩子要多玩积木。积木到底对孩子有哪些好处呢？通过下面的测试您就可以找到答案了——

宝宝的空间结构感

准备3块方形积木，您先搭一座小桥（两块积木在下并留有一定的空隙作“桥洞”，一块积木在空隙上方作“桥弓”）。完成以后您不做任何提示，给宝宝同样的3块积木，让宝宝尝试完成。您的宝宝是怎么搭的？

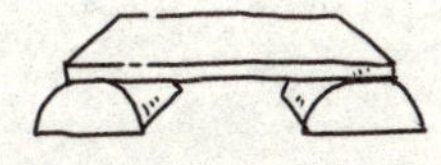

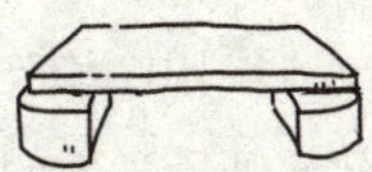
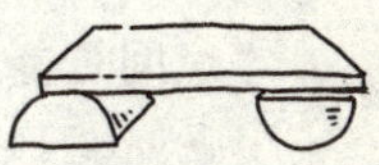

A. 可以准确地先放好下面的两块积木并留出合适的空隙，然后把第三块放在上面。

B. 搭“桥洞”时两块积木分得太宽，当放第三块积木的时候才发现不行，然后自己反复调整多次，最后独立完成。

C. 直接把两块积木并拢摆齐放在下面，似乎没有发现“桥洞”，不会把两块积木分开，然后把第三块积木放在上面。经过提示以后，可以很快轻松完成。

D. 用3块积木上下、左右颠来倒去“胡乱”搭，没有任何结构感。

【分析】A. 宝宝有非常好的空间结构感，不经过尝试就能直接目测出两块积木之间的距离，并准确地感知“小桥”的结构，这是非常难的。您的宝宝可能在“空间视觉智能”上有比同月龄孩子更高的能力。您应该引导孩子多玩一些制作立体模型的游戏。

B. 宝宝对事物的空间结构有一定的观察能力，但测量空间距离感的能力有待提高。家长在引导孩子进行这类游戏的时候，可以在“距离”上给孩子一些语言提示，比如可以告诉孩子，“把两块积木分开一颗糖的距离、分开一点点”等。您还可以让孩子玩一些识别大小、长短的游戏。例如：您准备一个纸盒子，在盒子上开一个圆形的小孔，让孩子先指指，哪些东西可以放进去，哪些不能，提高孩子的目测能力。

C. 宝宝有一定的空间结构感，他缺少的是细节观察能力。您可以引导孩子完成一些训练观察能力的游戏。比如，让孩子比较一下两个图形有什么不同。（具体可以参考本书训练观察力的章节）

D. 如果您的宝宝不是太小，那就是宝宝的空间视觉有待提高。您的宝宝可能在小的时候没有经历过很好的爬行期，现在表现出来的可能还有：不容易记路、图形识别能力不强等特征。您需要给孩子做一些感觉统合方面的训练。

什么是空间智能

“空间智能”是指人们利用三维空间进行思考的能力，如航海家、飞行员、雕塑家、画家和建筑师所表现的能力。空间智能使人们能够知觉到外在和内在的图像，能够重现、转变或修饰心理图像，不但能够使自己在空间自由飞翔，能有效地调整物体的空间位置，还能创造或解释图形信息。

在这里要提醒家长，并不是所有擅长视觉—空间思维者都展示相同的技能。有的人可能有绘画天赋，有的人可能擅长制作立体模型，还有人表现出精湛的艺术才能。

如何提高宝宝的空间感

鼓励孩子用手指在空中比划出或在纸上画出不同的形状。

鼓励孩子进行手工制作或绘画，比如折纸；或者把盒子拆散让孩子恢复回去；也可以把苹果切成几半，让孩子尝试恢复成原来的样子。

引导孩子在盒中爬进爬出，在各种设施中进出、绕行、上下等，让其体验空间感。比如带孩子去钻洞或玩“翻斗乐”，帮助孩子在空间中有效地移动身体。

教孩子学看地图、图表等。

培养孩子对建筑、设计、美术、摄影等方面的兴趣。

教孩子学会应用空间关系词汇，“里外、上下、左右”等。

可以给孩子做的游戏

（1）一起搭房子

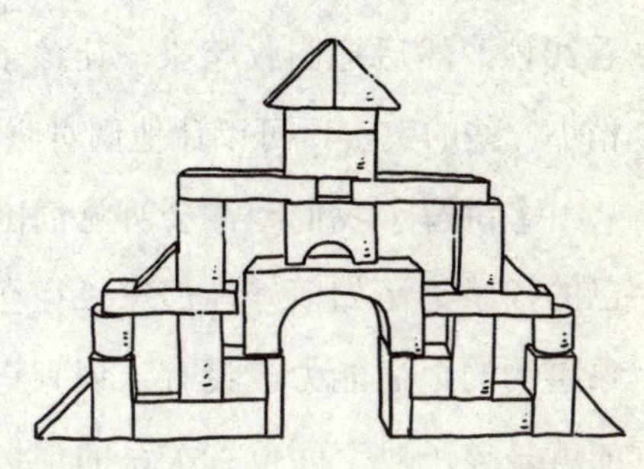

准备各种各样的积木，您和宝宝一起搭积木。你们轮流把一块积木堆放到前面已经堆放好的积木上面或旁边。当这个结构堆得很高或不稳时，鼓励宝宝去看看自己这一块应该放在哪儿比较合适。只要宝宝有兴趣，即使房子倒塌也没关系，可以反复玩耍。

【讲解】增强孩子的空间结构感和想象力。

（2）走迷宫

给孩子简单的迷宫图，让孩子用手指顺路线走出来。

【讲解】训练孩子眼手的协调性，增强孩子的空间知觉能力。

（3）学折纸

给孩子准备一张正方形的纸，根据孩子的实际情况，教孩子学习对折、折简单模型等。对折图形以后，还可以做一些剪纸给孩子看，也可以让孩子直接用手撕。把剪纸展开让孩子看，然后再折起，放回原位，反复多次。

【讲解】提高孩子的空间想象力和对空间事物变化的兴趣。

（4）看实物找影子

家长把家中宝宝所熟悉的物品，比如鞋子、梳子、大瓶盖等事物照轮廓描一个阴影图，然后家长依次拿实物，让孩子在影子图片里找找“××的影子在哪里”。识图能力比较强的孩子，家长尽可能找一些形状有些相似的事物，让孩子来识认。

【讲解】孩子从看具体事物到学会看图片事物再到看事物的轮廓，需要有一定的空间联想力。家长在做的时候，不要同时让孩子从一堆事物里找出对应的东西，能从区别比较明显的两个事物中找出来与“轮廓”对应的实物就非常不错了。

（5）图形复原

给孩子简单图案，比如2个笔道的“‖、⊥、∟、┳”等图案，让孩子看20秒，然后把图收起来，让孩子用小木棍把看见的图凭借记忆拼出来。稍小一些的宝宝，可以让他们对照图案拼出来。

【讲解】我们经常会听见周围的家长在评述孩子的智力特征时，说自己的孩子记忆如何好，但家长往往只看到孩子的语言性记忆能力或是对形象事物的记忆能力，没有认识到记忆的多样性。在这个游戏中，我们考察的就是孩子对空间位置关系的记忆能力和构图的记忆能力，促进孩子记忆能力的多元发展。

> **致家长的话**
>
> 不要以为花很多钱买的玩具才是好玩具，很多传统的玩具对孩子也一样有重大的意义。

7. 谁大、谁小

您的孩子认识“大小”了吗？如果他认识，您给他做做下面这个游戏：

对大小的识别能力

您准备3个大小不同的盖子，让孩子把最大的一个盖子找出来；如果他完成得好，您再增加到4个或5个盖子，看孩子能不能完成？注意观察他是用什么方法来进行比较的？

对比组资料

同样的测试，我们用套桶，给昆明康慧培婴早期教育中心的2～3岁的100名宝宝做测试时发现：有72%的宝宝可以从3个大盖子里找出最大的，使用的方法大多是“目测法”；当盖子增加到4个的时候，有56%的宝宝能完成，使用的方法也多是“目测法”；但当盖子增加到5个的时候，最大的盖子和第二大盖子之间的差距已经不是太明显的时候，只有26%的宝宝能完成，且有的宝宝可能是“猜”对的，只有很少的宝宝能清楚地看出，他们是利用“重叠比较的形式”准确判断出来的。

当问及家长“用什么方法帮助孩子认识大小”时，大约76%的家长采用的方式都是直接灌输式，即选用两个大小差异比较明显的事物，直接告诉宝宝哪个大、哪个小，然后再多次反复强调，以加强孩子的记忆。难道数学是“记忆”出来的吗？在引导孩子感知量的区别的学习中，您该怎么做呢？

关于“量”的感知学习

在引导孩子进行数学“量感知”的学习中，我们强调的是让孩子理解量的概念、量的变化，而不单纯是让孩子进行简单的大小比较、学会指认。更多的学习，是需要您动脑筋，让孩子通过自己的尝试去感受“量”的概念，而不是通过“记忆”的形式让孩子学习。量的学习包括——

排序：比如按照高矮、大小、长短等顺序或逆序排序；

掌握比较方法：比如重叠比较法和并置法；

量的传递：如果西瓜比苹果大，苹果比草莓大，那么西瓜就比草莓大；

其他量概念的学习和掌握，比如长短、高矮等；

掌握简单的测量方法并学会使用简单的测量工具；

量的守恒性学习。

可以给孩子做的游戏

（1）拼图

自制拼图模型，找一个圆形（其他图形也可以）的大塑料盖子，依据盖子的大小用泡沫板剪3个圆，然后把这3个圆分别分割成2份、3份、4份，让孩子尝试把它们拼回盖子里去。

【讲解】通过游戏让孩子理解“量的守恒性”，感知整体和部分的关系，同时提高孩子对图形细节的观察能力。通过拼图游戏让孩子理解图形的大小不会因为外形发生改变而改变，同时，拆拼游戏也为孩子以后学习平面几何奠定了基础，拓展了孩子的空间想象力。

（2）给小熊穿衣服

用小熊穿衣玩具，玩具模板上有熊爸爸（大号）、熊妈妈（中号）、熊宝宝（小号），家长提前各找出一套拼图片，然后散开，让孩子指认一下拼图片上身体的各部位，然后要求孩子分别把头、衣、裤从大到小排列出来，并把他们放到相应的拼图板上。

【讲解】训练孩子的拼图能力和认识大小的能力，通过对孔排列，让孩子感知爸爸个子高衣服就大、宝宝最小衣服也最小的特点。

（3）小鸭子送货

提前准备一些大小差异比较明显的物品，再准备几个大纸箱，纸箱上有大小不同的洞，让孩子把物品放进洞里。观察孩子在尝试过程中是否会根据物品和孔的大小来调整。

【讲解】游戏的目的是提高孩子识别大小的能力和按这些因素对事物进行分类的能力。

（4）**认识高—矮、厚—薄**

准备高矮不同的两个瓶子、两个洋娃娃、两棵树，让孩子指认一下哪个高哪个矮。再准备厚薄不同的两本书、叠起的毛巾、衣服，让孩子指认一下哪个厚哪个薄。

【讲解】认识基本的相对概念是游戏的基础，家长注意把这些相对概念放在一起给孩子，这样在孩子接受一个概念的时候，就自然接受另一相对应的概念，并把它们储存在一起。在这里我们只列举了大小、长短、高矮、厚薄这几组相对概念，其他的相对概念的词汇也最好采用同时给予的方式，增强孩子的认知。

（5）**它们一样大吗**

用不同颜色的纸，分别剪成大小形状都一样的图形，比如圈、方、五角星、苹果等，让孩子比比它们一样大吗？

【讲解】通过简单的异色同形巩固孩子对大小的认识，认识并清晰大小概念及比较的方式——重叠齐边比较法。在正确方式的引导下让孩子逐渐理解大小和色彩与材质没有关系。

可以教孩子掌握的测量方法

对于平面形式物体大小的测量，您可以教孩子用重叠法和并置法完成比较。重叠法就是把被测量的物体一一叠放起来；并置法是把被测量物体的一端对齐，比较另一端。

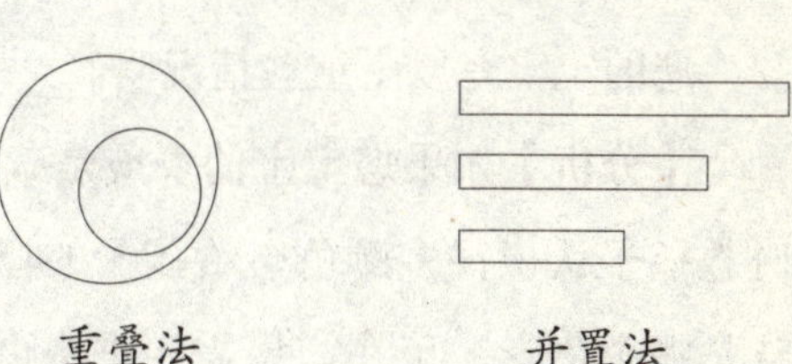

重叠法　　并置法

致家长的话

数学学习是抽象而且复杂的，家长要引导孩子掌握学习方法，创设相应的学习环境引导孩子学习，而不是让孩子用“记忆”的方法学习数学。

8. 带孩子进入色彩世界

您的宝宝认识颜色吗？您真的能确定宝宝知道颜色，他不是在“瞎蒙”？

关于色彩的认知

现在请您拿出一个黄色的香蕉，您问问宝宝：“这是什么颜色？”看看宝宝是怎么回答的？

A. 宝宝很随意地回答：“红色（或其他颜色）。”当告诉他不是红色的时候，宝宝就接着猜——绿色、蓝色……直到说出“黄色”。

B. 宝宝能肯定地回答：“黄色。”但要求孩子再指出一样黄色的东西时，孩子只会指香蕉；即使身边有一个黄色的球，他也不能确认是黄色。

C. 宝宝回答：“香蕉的颜色。”如果您更换其他黄色的物品，孩子也回答：“香蕉的颜色。”

D. 宝宝不能回答，但宝宝能从一堆东西里挑出所有黄色的东西。

E. 宝宝能肯定地回答“黄色。”而且能把所有黄色的东西找出来。

您的宝宝有以上这些情况吗？

【分析】如果您宝宝的表现是A，您一定教孩子认识过颜色，而且是同时教孩子认识很多颜色，给孩子的概念太多、太复杂了，所以孩子不能确认是哪个色彩。现在，您需要重头再来一次，短期内暂时不要强化孩子对色彩的认知学习，慢慢来。

如果您宝宝的表现是B，宝宝认识色彩，但您教孩子认识色彩的时候，“举一反三”的过程太少，应该给孩子多做一些和色彩相关的分类游戏。

如果您宝宝的表现是C，您教孩子认识色彩的时候，可能考虑到色彩学习太抽象，您太过强调用孩子熟悉的事物帮助孩子记忆色彩了。您需要减少这种形式的色彩描述方式，再多给孩子做一些发散性思维游戏，比如，您可以提问孩子："还有什么和香蕉一样是黄色？"等孩子找出来以后，您要强调，这些都是黄颜色的东西。

如果您宝宝的表现是D，宝宝可能因为言语发育能力有些滞后不能用言语来表达，但宝宝确实是能辨别色彩的。您需要做的是引导宝宝用有关色彩的词语进行描述。比如您的言语里要经常有色彩词语出现，"宝宝今天穿了一件蓝色的毛衣"、"那是一朵红色的花"、"按红色的按钮就可以了"等，创造含有色彩词语的环境。

如果您宝宝的表现是E，宝宝的色彩认知比较清晰了，您现在可以教孩子认识更多的颜色，不但要认识，最好让孩子能够拿起画笔，开始更多的"创作"。

关于颜色视觉的发育

颜色视觉是对光谱上不同波长的光线的辨别能力。据相关研究发现：新生儿在出生两周内就能分辨红圆和灰圆，这说明新生儿已经具有颜色辨别的能力了。3个月的婴儿已具有三色视觉，4个月的婴儿已能在光谱上辨认各种颜色，即他的色彩视觉发育已接近成人的水平了。

教孩子认识色彩，不单纯是让孩子能准确说出正确的色彩名称，而是要通过各种方式的刺激提高孩子对颜色的识辨能力，增强对色彩世界的兴趣和想象，丰富孩子的想象力。

如何教孩子学习第一个色彩概念

尽管4个月的宝宝的色彩视觉能力已经接近成人的水平，但真正的色彩认知学习在孩子1岁半前后进行比较适宜。色彩学习相对于"香蕉、苹果"等形象事物的学习要难得多，色彩的学习过程更抽象、更难识记、容易引起混淆。所以，当您教宝宝认识第一个色彩概念时，您可以这样做：

最初，您只教孩子认识一种颜色，比如红色，不要教孩子同时认识很多种颜色。

在学习过程中，如果孩子出现指认错误，您应该及时地告诉宝宝“不对，这个不是红色”，最好不要说：“这个不是红色，是××颜色。”即在孩子学习第一个色彩概念期间，您的言语描述里最好只出现一个相对应的色彩的词语。

您需要利用多种事物来教孩子认识同一种颜色。比如，您需要找红色的糖果、红色的衣服、红色的盒子、红色的玩具等，让孩子知道这些都是红色。不能总是用同一样事物来强化孩子的色彩认知。

在孩子能明确指认红色以后，您需要在一段时间里，给孩子做一些分类游戏，让孩子从各色各样的事物里，把红色的找出来。

等第四个步骤完成以后，即孩子明确第一个色彩概念以后，您再教孩子认识其他色彩概念。这个时候，您就没有必要一一再来了，您可以同时给他许多色彩概念。

在色彩词汇的应用上要做到准确，不要随意。比如，描述不同的蓝，您可以用深蓝色、浅蓝色，但不要用墨黑蓝、天空蓝。

可以给孩子做的游戏

（1）它是什么颜色

老师提前画好树叶、小草、太阳、黄色的帽子等事物的轮廓图，老师每展示一幅图，就让孩子说说是什么颜色的。说完以后，让孩子看看彩色图，判断一下对不对。

【讲解】2岁以后的孩子对常见的事物是比较熟悉的，但对常见事物的回忆可能会出现一些盲区，色彩就可能成为孩子回忆的盲区。家长还可以在市场上买一些涂色的书籍，让孩子自己根据记忆涂上颜色。如果孩子所选择的颜色不是常规的，只要孩子能自圆其说就可以。

（2）色彩排列

提前画色彩排列图（不同颜色的色块排列整齐），让孩子按照顺序用彩色积木摆出来，比如“红、红、黄”或是“红、黄、红”。排列的时候，没有必要告诉孩子这都是什么颜色，您只需让孩子理解搭积木的顺序要和图上的“一样”。这样的游戏，即使孩子不能清晰地记忆相对应的色彩词语，他也可以完成。

【讲解】在认识色彩及其名称的基础上，还可以通过游戏让孩子把色彩和空间排列顺序结合起来。

（3）给小熊穿衣服

利用玩具“小熊穿衣”，让孩子学会搭配衣服。比如，妈妈拿一件白底红花的上衣，让孩子给熊宝宝找一条合适的裤子，无论孩子找的裤子是什么样子或款式，您都可以给予一些评论。

【讲解】色彩认知的学习不单纯是知道颜色的名称，更重要的是让孩子得到视觉的不同感受，建立符合视觉习惯的色彩之美。

（4）考察红绿快速认知

先提问孩子：“十字路口的红绿灯是用来干什么的？”然后您总结：“红绿灯是用来指挥交通的，红灯亮的时候汽车不能走，否则就会撞车。”然后教孩子儿歌：“马路上，汽车多，红灯绿灯管交通。红灯亮，汽车停，绿灯点亮汽车行。”

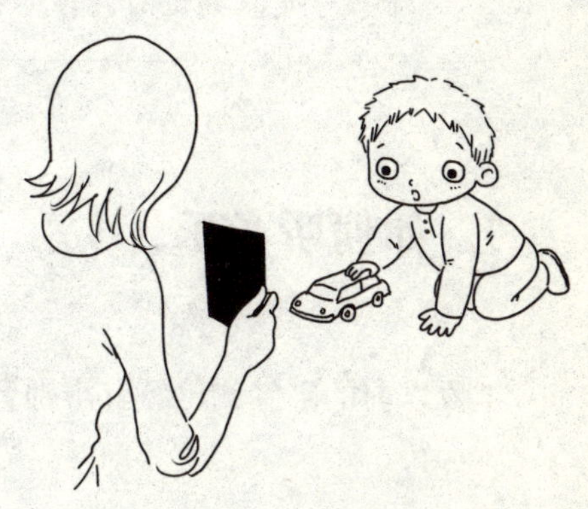

您拿红色、绿色的颜色牌，给孩子一辆小车，让孩子看见绿灯就开小车，看见红灯就把小车停下来。也可以让孩子拿颜色牌，您来开小车，这样容易让孩子理解游戏规则。

【讲解】让孩子在游戏中看色彩信号做动作，让孩子把色彩信息与动作行为相联系，有利于孩子思维敏捷性的培养。

（5）分水果

您提前准备红色的小桶和黄色的水果筐，让孩子把捡回来的水果分类放置，把红色的水果放到红色的桶里，黄色水果放在黄色的水果筐里，其他物品不放。

【讲解】通过游戏促进孩子按颜色分类的能力，在这里，我们特别强调是色彩的一一对应，如果孩子知道颜色就直接要求，如果孩子不清楚就告诉孩子放到“一样颜色”的地方。

鼓励宝宝描绘七彩世界

给孩子准备各种颜色的水彩笔，让孩子随意描画；

在您有时间的时候，您还可以准备调颜色的水粉或是油画颜料，带孩子一起调颜色，让孩子感受色彩的变化和神奇；

学会欣赏孩子的“创作”，并把孩子的作品贴在墙上“展览”。

> **致家长的话**
>
> 带孩子走入绚烂的色彩世界，让他展开想象的翅膀！

9. 如何听音乐

半岁以前的宝宝就已经有辨别音乐中的音色、音高、旋律和简单曲调的能力了，1岁半到2岁的婴儿已可以伴随音乐的节拍做些身体动作或“舞蹈”动作，音乐还能促进宝宝智力的发展和心情的愉悦。关于这一点您一定有所了解，所以您选择给孩子听音乐。

但是，您给孩子听音乐的时候思考过这些问题吗？

为什么要给孩子听音乐？

是否需要经常给孩子听音乐？

给孩子听音乐真的会促进孩子的“智力”发展吗？

给孩子听什么类型的音乐比较好？

如果给孩子听音乐，一般在什么时候听比较合适？

每天听多长时间合适？

听音乐的时候是否还让孩子玩游戏？

一个曲子是否需要反复听？

为什么要给孩子听音乐

婴儿在出生的时候就有了“听”的能力。人的官能一旦开始作用，就自动有需求来满足与发展该官能的本能。此时，婴儿所获得的往往是一种强有力的、先入为主的、先入为优的东西，并影响他的一生。所以，给孩子适度的音乐刺激是非常必要的，它不但可以满足孩子听觉发育的需要，相关研究也表明：让宝宝聆听音乐可以促进孩子“智力”的发育。

所以，不要以为孩子小，给孩子的听觉信息就很随便或很少，随意地给孩子一个音乐。恰恰因为是婴儿，所以才要更慎重。

给家长的建议

从孩子一出生，甚至是还在母体中的时候就可以开始音乐教育了。

建议家长给孩子一流音乐的刺激，因为人脑是“先入为主”的，即首先进入大脑的信息占主导地位。您可以给孩子听世界名曲，比如贝多芬、莫扎特等名家的音乐。

听音乐的时间一般选在孩子洗澡或是做按摩、做运动的时候，也可以是在孩子自己独自玩耍的时候。

每天听音乐的时间不宜太长，每次不超过20分钟，每天累计不超过2小时。

相同的曲子，家长最好给孩子反复听7～10天，加深孩子对音乐的记忆。

除了音乐，我们的世界里还有各种各样的声音。我们还可以让孩子听听周围环境中的各种声音，比如小鸟的叫声、海浪的拍岸声、电话铃声、汽车的鸣笛声……声音给我们带来了许多的幻想和快乐，在听声音的游戏里，您还可以教会孩子很多东西。

给孩子做“听声音”的游戏

（1）听听哪个声音响

提前准备3件物品，一个空奶粉罐、一个纸盒子、一支筷子，先让孩子猜猜哪样东西掉在地上声音最响，然后一一给孩子听3样东西掉在地上的声音，再给孩子示范讲解什么东西最响。

【讲解】孩子对声音的大小已经有识别的能力了，有的孩子甚至已经对声音的大小有了最简单的记忆了，这个游戏就是在识别和记忆的基础上，让孩子通过这类实验性的游戏去探究声音大小的原因，并通过大量的对比总结出一定的规律。

（2）谁在说话

给孩子两张图片，一张是人、一张是小狗，然后让孩子听人讲话的录音，让孩子指指是谁在说话。第二组，给孩子一张大人的图片，一张小宝宝的图片，让孩子听听小宝宝哭和说话的声音，然后让孩子指指是谁在说话。

【讲解】首先我们要教会孩子识别他比较熟悉的声音，特别是人和动物的声音。如果做得好的孩子，家长还可以让孩子学会识别男声和女声，或是把家里的每个人的声音录下来，让孩子听录音就能指出是谁的声音。

（3）听音找落地物体

把宝宝的眼睛蒙上，把东西扔在宝宝身边，看宝宝能否根据落地物体的声音去定位物体的位置。刚开始的时候，您先玩给他看，然后再让他玩。否则他会觉得害怕的。

【讲解】学习找落地物体是声音效果的一种表现，游戏促进了孩子听觉定位能力的发展。

（4）猜猜是谁在拍手

爸爸、妈妈分别站在房屋的两边，先让宝宝看看你们的位置，然后蒙上眼睛。让宝宝猜猜是谁在拍手。然后让宝宝转个身，你们的位置不变，再让宝宝猜猜是谁在拍手。

【讲解】促进孩子的空间知觉能力的发展。

（5）感受自然界声音的长短音、高低音

让孩子先听两种长短差异较大的声音，比如火车——汽车喇叭、小狗的叫声——公鸡，让孩子感知自然界声音的长短，让孩子学学它们的声音。然后您可以教孩子唱“啊——”的长短音。用同样的方式，您可以引导孩子感知自然界里声音的高低，还可以引导孩子学唱音阶。

【讲解】通过自然界里的声响让孩子感受声音存在的长短和高低，提高孩子对声音的兴趣。

（6）声音怎么变小

准备小鼓、鼓槌，用毛巾包裹住其中一个鼓槌，引导孩子分别注意两个鼓槌敲在鼓上的不同的声响，然后让孩子指指哪个鼓槌的声音小。

【讲解】由于一个鼓槌被包上了，敲在小鼓上的声音变小了，引导孩子注意这个现象。然后用鼓槌再去敲打其他东西。对于做得好的孩子，家长可以把毛巾拆开，引导孩子自己尝试去包一下。对于多次做过此类游戏的孩子，家长可以直接让孩子指出哪个鼓槌声音小。

致家长的话

带孩子走进音乐的世界，感受声音的美妙！

10. 学“认”字

为什么不教宝宝“识字”呢？

您可能是反对宝宝“识字”的，因为您认为让宝宝过早地进入学习阶段，可能会增加宝宝的负担。那您有没有发现您的宝宝实际上已经能清晰地识别很多形状或符号了呢？他可能不能用正确的词汇描述符号的意义，但您的确看到了他可以很轻松地把英文字母拼到相应的字母板上。为什么不教孩子识“字”呢？您的宝宝已经有学习的能力了！

●**相关提示** 文字是一种代表事物或现象的符号，尽管3岁以下的宝宝对周围世界的认识有限，心理发展水平还不高，但对于简单的文字或他们熟悉的事物，他们是能够把文字这种抽象的符号与文字本身代表的实际事物及现象相联系的。比如“苹果”两个字和苹果这个事物，孩子就比较容易联系并记忆。

同时，婴幼儿模仿和机械记忆能力强，婴幼儿识字的特点是将文字作为图形来看，加上机械记忆就能够学会认字。

可以给孩子做的游戏

（1）找朋友

您可以画一些符号（包括数字、字母、简单图形、汉字等均可）在小卡片上，比如您可以把“2、Q、Δ、Π、土”等画在小卡片上，让宝宝找出和您手中一样的卡片。等宝宝很轻松地找出来以后，您可以告诉宝宝符号的意义。

【讲解】提高宝宝的图形识辨能力和记忆力。

（2）模拟声音来认字

在上个游戏的基础上，我们让孩子学学风的声音（呜——）、下雨的声音（哗——）、打雷的声音（轰隆——）。您教孩子，让孩子来模仿，在模仿的时候反复强调是什么在响。然后您拿出三张图片，教孩子认识“风”、“雨”、“雷”，并考查孩子是否记住了它们的声音。也可以这样做，您发声音，让宝宝把相应的字卡拿出来。

【讲解】模仿发音有助于提高孩子的语音模仿能力。2岁以后的孩子随着图形识别能力的提高，可以教孩子认识汉字了，我们在游戏里展示的是其中一种认字的方法，即对应图形放字卡的形式。

（3）你知道我是谁吗

利用宝宝早已熟悉的识图卡（卡片上半部分是图片，下半部分是文字），先教孩子认识3～5张，然后把字卡的图片和文字部分剪开，让宝宝把图片贴在相应的文字下面。边玩边用生动的语言引导宝宝，例如，您拿着“西瓜”字卡的部分，宝宝面前有西瓜、香蕉、橘子三张图片，您可以这样引导：“你知道我是谁吗？我长得圆圆的，外面的衣服是绿色的，肚子里面是红色的，吃起来可甜了，是宝宝最爱吃的。”在给孩子这些暗示的时候，语速要慢一些，直到宝宝把西瓜的图片找出来贴在文字下面再强调“西瓜”两个字。

【讲解】在这里展示的是一种孩子可能会比较喜欢的识字游戏。同时，通过使用描述性语言的引导方式，促进孩子推理能力和语言理解能力的提高。

怎么在日常生活中教孩子认字

您可以利用教孩子背诵诗歌的机会，教孩子用诵读的方式渐进式认字。您教宝宝朗诵诗歌的时候，放慢语速，用手有顺序地指着诗句上的文字。

在宝宝熟悉的物品上贴上字卡，比如冰箱、牛奶、电视机等。

利用平时坐车、购物等机会，教宝宝识字。

尽可能多地给孩子一些印刷品，增强孩子对符号的兴趣。宝宝喜欢色彩鲜艳的图片，您可以在自己看报、读杂志的过程中，指着文章的大标题教宝宝识字。

●**相关提示**　2岁的孩子可能认识许多字，但识字并不能代替婴幼儿对实际生活的感知。即对于3岁以下的宝宝来说，运动感知学习仍然是最主要的学习方式。

孩子学习认字的过程要自然、轻松，不能让孩子感觉有压力，也不要用物质奖励的形式引导学习，否则会让孩子失去学习的内在动力。

尊重宝宝的学习兴趣，如果宝宝喜欢并且觉得这样的游戏有意思，您就可以继续下去。

致家长的话

孩子的学习是一个自然又自发的过程，您不要刻意地提前，也不要僵硬死板地按照专家制定的时间表进行。

第五章 启发孩子的学习

早期教育的目的是培养孩子的专注力、记忆力、自信心、独立性等多方面的综合发展，以促进孩子学习能力的提高，帮助孩子健全人格。因而早期教育不表现为一种近期效果，如会唱一首歌、会算一道题，而最终表现为在学习、生活中的良好心理素质和适应能力。

1. 大脑为思考而"连通"

您一定对这样的情景有印象：

宝宝在玩电动车，突然电动车不动了，宝宝会煞有其事地拿起小车来"检查"，偶尔碰到松动的开关，让小车再重新工作，宝宝会特别地高兴。

录音机没有声音了，宝宝会学着您按开关，直到让它再重新"唱歌"。

宝宝想喝"娃哈哈"，可嘬了半天也没尝到滋味，宝宝会拔开盖子，看看是什么问题。

对碰到的"问题"，有的时候，宝宝能找到原因并解决，有的时候宝宝就是在"瞎弄"。可不管怎样，我相信您一定对宝宝有这样的能力而高兴，因为透过宝宝的行为，您知道——"宝宝会思考问题了！"

您是否是一位会促进宝宝思考问题的家长

①对于生活中司空见惯的现象，您会反问宝宝"为什么"吗？

A. 经常会　　　　B. 很少

②宝宝问您"为什么"的时候，即便是一个非常简单的问题，您会对宝宝表示赞赏吗？

A. 经常会　　　　B. 很少

③您有没有带孩子去观察过小鸡（或其他孩子可以接触到的小动物）吃什么？

A. 有　　　　B. 没有

④您有没有让孩子试着自己回家？

A. 有　　　　B. 没有

⑤您有没有教孩子“破坏”过玩具或其他物品？比如拆开零部件。

A. 有　　　　　　　　B. 没有

⑥您会对宝宝感兴趣的事物表示出同样浓厚的兴趣，并陪伴宝宝一起去探索吗？

A. 会　　　　　　　　B. 很少

⑦当孩子碰到困难的时候，您会怎么做？

A. 鼓励孩子先自己尝试，然后再一起解决B. 告诉他怎么做

【分析】如果您的答案少于2个“A”，您不太善于引导宝宝思考问题。您可能认为思考问题应该是宝宝自发的、主动的提问，不需要有家长的引导，否则就是您太忽略孩子的成长过程了。孩子对新奇事物有非常强烈的好奇心，但好奇并不等同于会思考问题，因为宝宝还小，您需要帮助孩子学会思考问题。

如果您的答案少于5个“A”，您是一位比较主动的家长，您已经意识到了孩子是需要引导和帮助的，这样才会形成积极的、有效的学习方式。如果说还有什么不足之处，在您做测试的时候就应该发现了。您可以结合测试部分反省一下自己的问题。

如果您的答案超过了6个“A”，您是一位非常善于引导孩子进行思考的家长。您不但对孩子能独立思考问题表示欣赏，同时您还能结合日常生活启发孩子去思考问题，真正做到了把孩子的好奇心变成了学习的原动力。

●相关提示　孩子是如何做到思考的？

孩子从一出生就通过各个感官通道不断地从外界获得信息，同时，他们还借着观察、玩耍等方式不断地丰富自己的早期体验，这些信息和体验通过大脑的连通和加工就形成了“思考”。脑发展的顺序由基因控制，最先形成的是脑干，以控制像呼吸这样的身体的基本功能。然后是控制动作的小脑及基底神经节，接着是掌管情感和记忆的边缘系统。至于负责较高层次思维的大脑皮层，到最后才发展成熟。

孩子最初的思考是简单的，他们关心更多的是“这是什么”等，随着

孩子的成长和认知程度的提高，孩子思考的内容越来越广、思考的程度也越来越深，他们会提出类似“为什么、怎么样”等更深入一些的问题。但对于大部分3岁以前的宝宝来说，他们是很难主动地、自发地有这样的疑问的。大多时候，他们的注意力都还只停留在事物的表面变化上，还只停留在“好奇”的阶段，并不能深入地去思考一些问题。所以，家长有必要通过引导启发孩子积极思考，促进孩子智力的发展。

促进孩子进行思考的游戏

（1）开飞机去目的地

给孩子折好的纸飞机，这个时候家长要求孩子把飞机飞到××，孩子会很努力地朝着目标把飞机扔出去，但结果会大不一样。这个时候，家长要引导孩子去思考“为什么”会有这样的不同。

【讲解】1岁半以后的宝宝已经开始有先后顺序的逻辑关系，并有一定的预见性，这个时候他会在自己经验的基础上理所当然地认为事情会照他预测地进行，当飞机扔出去以后，他才会发现不是那么回事，继而会对事物的发展规律有一种新的认识，从而提高孩子的思维能力。

（2）尖锐事物特性认识

给孩子一根钉子和一根小棍子，让孩子先观察，然后拿一块泡沫板给孩子，让孩子先说说哪个东西能戳进泡沫板里，可以让孩子自己拿钉子和棍子比较一下，等孩子说出以后，家长再把泡沫板给孩子，让孩子亲自试一试。在尝试以后，您可以问问孩子“为什么”。然后您再告诉孩子，为什么钉子可以插进泡沫板，而木棍插不进去，继而把尖锐和秃钝的概念告诉孩子。

【讲解】有关事物性质的概念是比较难以理解的。在这类词汇的学习中，家长不要只是单纯地把概念告诉孩子，应该在游戏中让孩子体验和理解。

（3）**说说耳朵的作用**

您可以直接提问“小宝宝用什么地方听声音”，等孩子回答“耳朵”以后，您继续提问：“如果没有耳朵会怎么样呢？”任由孩子回答，但您要引导孩子去验证答案的正确性。等讨论结束以后，您可以和孩子一起总结耳朵的重要性：耳朵是用来听声音的，没有耳朵什么声音也听不见。所以小朋友要很好地保护耳朵，不要用小东西去捅耳朵，不要把水倒在耳朵里等。然后再拿出一些动物的图片让孩子指指它们的耳朵在哪。

【讲解】在感受耳朵功能的同时，引导孩子讨论并了解如何保护耳朵，这对于孩子建立良好的生活习惯是非常重要的。目的是促进孩子假意联想能力的提高。

（4）**神奇的海绵**

在盘子里倒上一些水，给孩子一块海绵，或者给孩子一些棉花，让孩子自己玩耍。在玩耍过程中，孩子会发现，海绵（棉花）一放到盘子里，水就没有了。他会思考“为什么”。

【讲解】通过引导孩子进行科学实验探索，帮助孩子思考事物的吸水性。

（5）**漂浮的瓶子**

给孩子准备一些不同的瓶子，有塑料的、木头的、玻璃的、金属的等。引导孩子玩耍，在玩耍中观察，哪些瓶子在装满水以后会沉下去，哪些瓶子即使装满水也不会下沉。引导孩子思考“为什么”。

【讲解】通过引导孩子进行对比，让孩子对事物材质的不同产生思考。家长千万不要误导孩子，让孩子以为“重的东西就会下沉，轻的东西就会漂在水面上”，这是不对的。沉浮是一个比较复杂的过程，家长没有必要强调沉浮的原理，重要的是让孩子对不同材质的瓶子有不同的沉浮效果产生思考。

（6）小剪刀

给孩子准备一把儿童安全剪刀，再准备不同的材料让孩子剪。您可以准备纸、塑料片、金属片、木头等。在游戏过程中，孩子会发现，有的东西剪不开，这是为什么？

【讲解】通过让孩子自己动手，思考事物的材质的不同。

怎样帮助孩子学会思考问题

引导孩子观察各种变化。

通过创设环境让孩子自己发现问题、思考问题、提出问题，而不仅仅是您提出问题让孩子去思考。对于3岁以下的宝宝，他不一定会很明确地提问“××为什么”，但他会对一些现象发生兴趣，继而产生思考。您需要做的是创造有益于思考的、产生变化或对比的环境，从而激发孩子的好奇心，然后再引导他深入思考。

孩子对事物的思考有多种表现形式：有的孩子会直接提问“为什么”，有的孩子会反复地摆弄事物，表示出好奇；有的孩子甚至想“拆”散事物……您要学会观察孩子的变化，并给予适时地帮助。

3岁以下的孩子在思考的过程中会表现出不稳定性，比如一开始他是在思考小车为什么不工作了，但在思考并尝试的过程中，他又会对轮子产生兴趣，开始去思考“轮子怎么会是这样”，这是正常的。家长可以适时地引导孩子回到原来的问题上。

引导孩子学会思考问题比得到问题的答案更为重要。

致家长的话

不要以为3岁以下的宝宝不会思考问题，思考问题是人与生俱来的能力。

2. 宝宝，大胆去尝试

在宝宝的成长过程中，他会遇到很多“困难”，他需要克服困难，这个时候您会怎么做呢？

您可能认为宝宝太小，他没有掌握太多的“知识”，他也没有太多“处事的经验”，他的“智慧”是很有限的。所以，当孩子面临问题的时候，您会给予孩子及时的帮助或建议，您希望您的建议能帮助孩子。

那么，您错了！大胆放手，让宝宝自己尝试去解决问题，比您一来就给他帮助要更好！

您是一位会帮助宝宝学习解决问题的家长吗

①孩子爬到了床底下，他想退出来的时候遇到了困难，您会：

A. 让他自己先尝试用什么办法可以出来

B. 告诉孩子采取什么样的姿势退出来

②两个孩子因为争抢玩具发生了冲突，您的宝宝期待您能帮助他解决，您会：

A. 暂时不管，也不给予任何意见　　B. 告诉宝宝怎么办，或安慰他

③宝宝想打开果盒拿里面的糖遇到了困难，他很急躁，希望得到您的帮助，您会：

A. 不帮助宝宝，让他自己完成　　B. 告诉他怎么做

④宝宝正在努力地完成地板拼图，他希望得到您的帮助，您会：

A. 让宝宝独立完成　　B. 告诉宝宝哪个拼在哪儿

⑤宝宝自己爬上了攀爬架却下不来了，他正陷于“困境”，您会：

A. 在一旁做好保护的准备，但不帮助孩子

B. 及时地解救孩子

⑥宝宝看到您按某个键电视就会被打开，他想知道怎么做，您会：

A．让他自己尝试，并自己寻找规律　　　B．指导他进行操作

⑦宝宝尝试钻过矮洞爬进去，您已经预料到宝宝可能不会低头而撞在墙上，您会：

A．不提醒宝宝，让他自己去经历　　　B．提醒宝宝，防止他撞上

【评分】A—1分；B—0分

【分析】得分≤3分，您不太善于培养孩子解决问题的能力，当孩子面对困难的时候，您太急于帮助孩子。您需要尝试“等待一会儿”，给孩子一点儿时间，让他自己先想想怎么办。否则，您的孩子在以后的发展中可能会成为一个没有主见、害怕困难的孩子。

得分为4、5分，您是一位敏感的家长，您能适时地给予孩子帮助，同时又注意培养孩子解决问题的能力。您需要把握好的是，在什么时候给予孩子帮助比较合适、给予什么程度的帮助比较合适。

得分≥6分，您是一位非常严格的家长，您非常希望自己的宝宝成为一位自强、自力的宝宝，但孩子毕竟还太小，对于他面对的许多困难，他还是需要成人一定程度的帮助和指导的。如果您一味地要求孩子凡事自己处理，孩子会以为您不“喜欢”他，这样会使孩子以后不敢去做新尝试，同样也可能成为一个胆小的宝宝。您需要学会观察孩子解决问题的过程，在等待孩子自己解决的时候，给予孩子及时的鼓励。

当孩子面对“困境”的时候您该怎么办

匆匆把孩子从各种可能失败或挫折中解决出来的行为，会妨碍孩子去学习解决他们自己的问题。“等待一会儿”和允许他们尝试去自己解决，可以在幼儿问题解决能力的发展上产生明显的不同。您需要做的是：

鼓励幼儿寻求答案和探索各种可能的做法，而不是主动地告诉幼儿信息、答案和建议；

敏感地觉察什么时候给予幼儿帮助比较合适。建议您在幼儿感觉烦躁或打算放弃尝试的时候，再给予幼儿帮助比较合适。千万不要宝宝一求助，就及时地给予帮助；

把握好帮助的程度。不要凡事手把手教，结合宝宝尝试的情况和认知

水平，给予适度地引导和帮助。当宝宝得到启示有新的尝试行为时，及时地终止帮助。

以下游戏中，孩子有可能会遇到困难，您要尝试“等待”

（1）小挑夫

家长把竹竿提供给孩子，提前在小桶提手处绑好线。家长不提示，只提出要求，让孩子把小桶从房间一端运到另一端，看孩子怎样做。看孩子会不会利用竹竿挑过去。然后您再做示范动作，做完以后，不帮助孩子让孩子自己完成绑绳、挑竿等一系列动作。

【讲解】2岁以后的孩子，家长要给孩子一些自己思考并解决问题的机会，如果孩子看到示范动作，应该鼓励孩子自己通过回忆复杂的连贯动作继而模仿出来，而不只是简单地重复单一动作，以模仿为主。

（2）把小积木装到盒子里

您把小积木散在地上，要求孩子把积木装回盒子里。您还可以让孩子学着装装麻将。

【讲解】游戏虽然简单，但必须按顺序才能完成。同时，游戏还培养了孩子自发地利用空隙合理安排、学习整理的能力。这个过程就是一个感知空间关系的过程，同时，也使孩子做事有次序性和耐性，养成收拾物品的良好习惯。

（3）走S型平衡木

利用游乐场的设施，鼓励孩子走S型平衡木。也可以利用自家楼下的不同高矮的花台，鼓励孩子连续走。在游戏中给予适当的保护。

【讲解】走S型平衡木需要孩子在行走过程中及时地调整步伐，增强孩子身体平衡的能力。

（4）爬上楼梯翻下来

将写字桌和大靠背椅子组合起来，鼓励孩子顺椅子爬上桌子，然后再想办法下来。家长必须在旁边保护孩子。

【讲解】游戏促进孩子动作协调性的发展，培养宝宝克服困难的品质。

（5）穿鞋带

给孩子一根绳子或是布条，引导孩子把其穿在鞋孔里。家长不要管孩子是否按顺序穿，只要孩子能把所有的孔穿上就可以了。

【讲解】这个游戏的目的是提高孩子的手眼协调性和双手协作的能力，培养孩子解决问题的耐心。

（6）照图摆放板块

给孩子七巧板4块（平行四边形、半圆、梯形、非等腰三角形）和与之对应的图片，鼓励孩子把板块放到相应的位置。看谁完成的好。

【讲解】在摆放过程中，家长会发现，孩子在摆放非等腰三角形的过程中会有困难，他不能思考边角对齐，只注意对某个点，这时家长可以适当提醒。照图摆放培养了孩子的初级拼图技巧，促进孩子构图思维能力的发展和手部精细动作的发育。

致家长的话

孩子在没有任何指导的尝试过程中，可以更大限度地激发各种潜能。所以当孩子面对困难的时候，您需要说的是：宝宝自己试试！

3. 好奇心——认识世界的“驱动器”

宝宝是充满好奇心的，他会对周围世界中的任何事物感兴趣。因为有了好奇心，宝宝开始了对这个世界的探索和认知……所以每一位家长有责任通过各种方式来增加宝宝的好奇心，帮孩子认识更多的事物，更好地认识这个世界。

您是否是一位会增加宝宝好奇心的家长

当孩子对周围事物发生兴趣的时候，您认为：

A. 很正常，小孩子都这样，告诉他是什么。

B. 很高兴，宝宝会问问题说明他很聪明，告诉他是什么及相关的信息（用途、材质等）。

C. 表现出孩子一样的兴趣，并和他一起讨论、操作。然后再一起讨论是什么。

【分析】A. 您是一位不善于激发孩子好奇心的家长。尽管您的做法可以让孩子知道他感兴趣的事物是什么，但这并不能激发孩子对更多的事物感兴趣。在您的教育过程中，您没有起到主导的作用，不能很好地帮助孩子进行更高层次的探索。您现在最需要的是学会欣赏宝宝的好奇心，鼓励宝宝多提问题，引导宝宝去关注一些事物。

B. 您基本能激发孩子的好奇心。您非常会利用宝宝的兴趣去引导孩子的学习，这样的教育方法让您的宝宝认识了很多东西，您也因此被认为是一个比较合格的家长。您还需要注意的是——学会激发孩子主动学习和探索的意识。“好奇心并不等于好思考”，您直接“灌输”给孩子许多信息，孩子的学习过程变成了“记忆”过程、“接受”过程，让他失去了主动探索的欲望。

C. 您是一位非常会激发孩子好奇心的家长。最难得的是，您让孩子感受到了对新事物感兴趣是一件让人高兴的事情，您的行为会极大地鼓励孩子参与到发现新问题、观察新事物的过程中。和孩子共同探索的过程，能够很好地帮助孩子在探索过程中学习新的概念、感受新事物，而不单纯是记住新事物的名称。

●**相关提示**　好奇心是孩子产生认知、发生游戏活动的基础，如果没有好奇心，孩子是没有兴趣集中于任何事物并进行深入探索和思考的。孩子产生好奇的原因有很多种，有的孩子只是想知道“这是什么”，有的孩子会疑惑“为什么会这样”，这些好奇为孩子产生深入的思考和探索奠定了基础，是思考和探索产生的原始驱动力。

孩子的好奇心特别容易激发，事物鲜亮的外表、特殊的造型会激发孩子的好奇心，变化的现象和未经历过的体验也会激发孩子的好奇心……很多家长以为要增加孩子的好奇心就需要提供各种各样的新事物，其实未必，一个孩子曾经接触过的事物同样也会激发孩子的好奇心。重要的是如何创设“新环境”、“新的游戏方式”让孩子对事物产生好奇心，同时还应通过游戏方式引导孩子对相同事物的不同方面产生好奇，而不仅仅停留在认识事物外表的好奇阶段。

可以给孩子做的游戏

（1）认识磁铁

准备磁铁、别针、钥匙等铁制的东西让宝宝自己随意玩耍。玩耍过程中您可以用磁铁隔着纸板让铁针跳跳舞、走走路等，进一步增强孩子对磁铁的兴趣，然后再告诉孩子这是“磁铁”。

【讲解】通过操作让孩子对磁铁产生兴趣，增强孩子探索的欲望。

（2）找朋友

您再拿一些物品，有铁制品和其他的物品（塑料、木头、布制品等），鼓励孩子自己尝试，用磁铁去找找“好朋友”，把磁铁的“好朋友”都找出来，让孩子摸摸这些东西和其他东西有什么不一样。然后再告诉孩子磁铁的“好朋友”是——铁。然后再换一些物品，让孩子再找找“磁铁的好朋友”。

【讲解】通过游戏，让孩子感知磁铁吸引铁制品这个复杂的物理性质。游戏的进一步深入，让孩子学会利用学会的概念“学以致用”，激发宝宝思考问题的意识。在这里，提醒您不要用其他金属干扰孩子，比如铝制品，孩子还没有那么好的对金属的认知程度。

（3）生活用品按材料分类

在上一步游戏的引导下，孩子对“材质”发生了兴趣。您可以给孩子一些铁制品、塑料制品、木制品、玻璃制品等，让孩子用视觉、触觉或其他工具区别几种材料的不同。在这个过程中，您可以告诉孩子它们都是什么，然后进行分类。

【讲解】让孩子通过分类游戏明确事物由于组成物质的不同可以分成多种，游戏考察了孩子对事物物质属性的认知，增加了认知能力。同时让孩子结合视觉、触觉学会识别、区分不同的物品。

（4）介绍磁铁的用途

您可以利用改造过的“大吊车”（在吊臂上装一块磁铁），演示吊车怎样把很重的铁块吸起来，并运送到另一边。演示废物回收利用，把铁渣从一些沙子里找出来。您边演示边用生动的语言讲解，激发孩子思考磁铁的用途，并对此产生兴趣。

【讲解】在孩子的早期教育中要结合认知的事物，给孩子关于这个事物的更多的信息，在游戏中，如果我们只是告诉孩子磁铁吸铁，孩子是不会主动思考磁铁的这个特性有什么用途的。游戏通过讲故事的形式，形象生动地把这个特性的用途表达出来，促进孩子思考。

（5）恢复原样

您给孩子两块长条积木让孩子把它们接起来，然后再给孩子两个磁铁，也让孩子接起来。孩子努力尝试以后发现有的时候可以接起来，有的时候却接不起来。您再告诉孩子磁铁有“磁性”，他们遇到磁性相同的东西就不喜欢，就要把它赶走，这叫磁铁的“排斥性”。

【讲解】通过儿童的语言把深奥的科学道理讲给孩子听，让孩子对磁铁的“吸引性”和“排斥性”的特征有全面的了解，激发孩子对科学的探索欲望。

●相关提示　在这里，我们通过“磁铁”这个可能会引起孩子好奇心的事物，向家长展示了如何步步深入地激发孩子的好奇心，并引起他们的思考。家长在增加孩子好奇心的游戏中可以借鉴。

在实际生活中您还可以引导孩子认识这些事物以增加它们的好奇心：

放大镜（包括系列的光学镜，比如三棱镜、平面镜、凹透镜等）；

录音机（为什么会有声音、各个键的用途等）；

指南针（指一个方向的特性、用什么材质的东西做针等）；

电话（为什么会传播声音，话机结构、形式等）；

……

总之，给孩子用来操作的事物，最好选孩子可以单独操作而又不会有危险的，什么都可以。家长要做的是，在给孩子之前，您要仔细地想想这个东西的什么地方最有趣，是外观还是性能，哪些功能或性能想让孩子了解，然后用某个兴趣点吸引孩子，让宝宝产生好奇心，然后再探索事物是什么。

致家长的话

好奇心对孩子来说，就像阳光对于所有的生物。没有好奇心，孩子将失去对世界探索的欲望，孩子的世界将是一片黑暗。

4. 找糖

“找糖”，现在谁家还缺糖呢？我们关心的不是您家有没有糖，而是想请您和宝宝一起完成下面这个游戏——找糖。您会从这个游戏里“品味”到很多、很多……

小测试

准备3～5个一模一样的带盖子的空奶粉罐。当着宝宝的面，把宝宝喜欢吃的糖果放到其中一个奶粉罐里，把盖子盖紧。然后把这几个奶粉罐一起放到孩子面前，并快速地、反复几次地交换这几个奶粉罐的位置。您看宝宝是怎样找到糖果的？一定记住：不能给宝宝任何暗示，您需要做的是鼓励宝宝去找糖果，并观察宝宝的“表现”。

A. 无论怎么鼓励，宝宝就是不自己完成。他只想让大人帮忙，或干脆耍赖。

B. 很耐心地依次打开奶粉罐的盖子去找，最后找出糖果。

C. 宝宝先抱起罐子来摇一摇，听见发出声音的才打开盖子，没有听见声音的时候就不去开盖子。

您的宝宝是怎么做的

（1）如果您的宝宝和A宝宝一样

那您的宝宝一定是让您或爷爷、奶奶宠惯了，而且他的脾气还很急躁，做事缺乏耐心。您需要及时调整对宝宝的教育态度，要尽快提高宝宝的自立能力。比如鼓励宝宝自己的事情自己做，学着穿穿鞋、收拾玩具等；如果孩子有什么需求，您可以尝试让他完成某项“工作”以后才可以满足他，否则绝对不妥协。当然，您设计的“工作”刚开始的时候不要太难了，最好是宝宝很容易就完成的。孩子完成以后您也一定要兑现承诺，否则孩子的脾气会更“厉害”。还要注意，在您严格执行“教育方针”前，最好先和老人说好，不要一边严厉、一边放纵，要达到“对孩子的教育态度一致化”。否则，孩子会变得越来越任性。

针对A宝宝，您可以这样做：

帮宝宝找一个您认为比较“懂事”的小朋友作为他的好朋友，最好比他稍大一些，让他们经常在一起玩。“好朋友”自己事情自己做，他会成为您宝宝的榜样，久而久之宝宝就不会太依赖您了。在这里要提醒您注意，他们在一起的时候，不要过多干涉他们的交往形式，包括有争执的时候，尽可能让他们自己处理。

现在市场上出售的商品都有各式各样的包装，有的物品甚至包了好几层。家里买回东西的时候，我们不妨让宝宝帮帮忙，鼓励他把外面的包装一层一层地拆开，把东西拿出来。在宝宝需要帮忙时，您可以握着他的手一起完成。这样的游戏宝宝会非常乐意参与，而且还会提高宝宝的耐心。需要提醒您的是，在这样的游戏中不要太在意孩子用什么方式拆，他可以用手撕，也可以用嘴咬。在指导宝宝如何使用工具时可以适当放手，不用太紧张。

（2）如果您的宝宝和B宝宝一样

那您的宝宝一定是一个专注力很好的孩子。他的专注力不但表现在可以耐心地找糖果，即便看书或是玩玩具的时候也一样专心。您要好好地发扬宝宝的这个优点，在宝宝专心“做事”的时候，不要轻易打断他，更不要用您“以为正确的方式”去教孩子怎么做，您需要做的就是静静地在一边观察您的孩子。当发现他有困难，的确不能克服的时候，再稍微地指点他一下。但在这里，宝宝显然忘记了耳朵的作用，您需要多给宝宝做一些和发散性思维、联想性思维相关的游戏。

针对B宝宝，您可以给他做这些游戏：

准备牙刷——杯子、牙膏、毛巾、香皂；笔——纸、尺子、橡皮；碗——汤匙、筷子、锅、盘子等有关联性的事物，您先把牙刷拿出来，然后提问孩子，哪些东西和牙刷有关系。无论宝宝的答案是什么，您都要问问“为什么”，当孩子把能看见的、可能有关联的事物回答完了以后，您还可以继续追问：“还有什么东西和它有关？”鼓励孩子动脑筋想想其他东西。

“小鱼在水里游，还有谁也在水里游？”“小鸟在天上飞，还有谁也在天上飞？”

【讲解】促进孩子发散性思维的发展。

在日常生活中，在宝宝情绪好的时候，您可以不经意地问宝宝：“鱼会像小鸟一样飞吗？”“小狗总是汪汪地叫，在说什么呢？”无论孩子怎么回答，您都要认真地倾听，并和他交流。

【讲解】促进孩子想象力的展开。

您先搭一些简单的图形，比如小桥、城门等，让孩子照着您的样子搭积木。

【讲解】增强孩子空间的想象力和理解力。

（3）如果您的宝宝和C宝宝一样

那您的宝宝是一个想象力很强的孩子，或者是经常有这样的生活体验。他可以通过是否有声音就判断出糖果的位置，这需要非常强的空间想象过程。您可以多引导宝宝玩一些想象力的游戏，比如搭积木、添笔道变图形等，也可以让孩子多参与生活过程中的“怎么办”，激发孩子的创造性思维。

针对C宝宝，您可以和他玩这样的游戏：

准备一些用小木棍就可以搭成的简单图案，让孩子照图样摆放出来。

【讲解】提高孩子的空间想象力。

准备两个一模一样的布口袋或毛巾，把孩子喜欢的一件玩具藏在其中一个口袋里，在另一个口袋里也放入一个东西，这个东西和宝宝喜欢的玩具外观差异要非常大，比如一本小字典。先不让孩子动手，看看他能否通过视觉差异判断出玩具在哪边。如果不可以，就让孩子用手隔着袋子摸一摸，看他能否通过触觉差异判断出玩具在哪边。

【**讲解**】促进宝宝的空间想象力。

如何在生活中做一个有心的家长

类似“找糖”这样的活动在生活中是经常发生的，这些活动看上去似乎和早期教育没有什么关系。事实并非如此，孩子的早期生活体验也是一种非常重要的教育形式。关键在于家长是否会通过这些生活活动及时地发现孩子的问题，从而及时地调整自己的教育方式。

家长要掌握一些早期教育的相关知识，您需要了解孩子的心理特点和发育特点。

给孩子提供体验的机会，大胆放手，不要限制孩子参与普通的生活活动。

把教育生活化、把教育游戏化，让孩子在生活中就可以得到良好的启蒙教育。

正确看待早期教育，不要神化早期教育的效果，也不要僵硬地把专家或书本上的建议作为指导的唯一标准。学会观察您的孩子，同时要相信自己的能力。

定期得到专业指导机构的指导和建议可以让您更好地在生活中把握孩子的早期教育。

致家长的话

在生活中实施教育，在普通的生活体验中启发孩子的学习，这是早期教育最好的形式，而您就是孩子最好的老师。

5. 养一个"火眼金睛"的宝宝

您一定记得这么一首歌："丁丁是个小画家，画只大马没尾巴……"

您肯定不希望您的宝宝也成为"小丁丁"，那您就需要从现在开始帮助宝宝建立良好的观察能力。

测试宝宝的观察能力

①宝宝会指出他曾经路过或去过的街道或场所吗？

A. 会　　　　　　B. 不会

②宝宝会对您换了一套衣服表示特别的关注吗？

A. 会　　　　　　B. 不会

③您故意把宝宝的玩具藏起来几件，宝宝会发现他的玩具少了吗？

A. 会　　　　　　B. 不会

④宝宝经常对新鲜的事物表示兴趣吗？

A. 会　　　　　　B. 不会

⑤宝宝经常看的图片，如果色彩发生变化，比如平时看的黄香蕉变成了橙色的香蕉，他能觉察出来吗？

A. 能　　　　　　B. 不能

⑥当环境里有异样声响时，宝宝会表示出特别的关注吗？

A. 会　　　　　　B. 不会

对于以上测试，如果宝宝有4个以上"A"，说明宝宝有较强的观察能力，对于环境中比较明显的变化，宝宝能够很快地察觉并做出反应。否则，您就需要帮助宝宝提高他的观察能力了。

●**相关提示**　幼儿观察能力的特点和培养。

幼儿观察能力的特点：

孩子喜欢观察活的、运动着的物体，不喜欢观察静止的物体。

孩子喜欢观察颜色鲜艳的东西，不喜欢看颜色单调、灰暗的东西。

孩子喜欢看大而清晰的图像，不喜欢看小而模糊的图像。

位置明显的物体容易被观察，比如墙上挂的、桌上摆的等。

物体的明显特征容易被观察，而其他特征容易被忽略；比如，孩子容易记得球的大小有差别，却记不得色彩和图案的差异。

如何培养幼儿的观察能力？

敏锐的观察力是想象力、创造力的源泉，对于孩子今后的智力发展十分重要，您要注意培养：

观察不只是用眼睛看，应鼓励孩子用多种知觉形式去观察。可以鼓励孩子用听觉、触觉或其他知觉形式去观察事物的差别。

根据孩子的认知水平，有意识地引导孩子进行观察，并且在观察过程中多提问题。

欣赏孩子的好奇并能有效地指导孩子进行观察。

您可以给孩子做的游戏

（1）不同外观的容器找东西

准备一个纸盒、一个奶粉罐，把孩子感兴趣的两件东西分别放在纸盒子和奶粉罐里，放的时候要当着孩子的面，然后家长让孩子找出××。如果孩子做得好，家长还可以再增加一个物品和相应的容器，三个玩具一起玩。

【讲解】游戏的目的主要是考察孩子的瞬时记忆能力和观察能力，在观察和记忆的基础上建立事物的对应关系。

（2）细节观察找物

准备两块一模一样的毛巾，给孩子看两件玩具（两件玩具有比较明显的大小区别），先告诉孩子玩具的名称，然后背着孩子把玩具分别藏在毛巾底下，让孩子指指××玩具在哪边。

【讲解】孩子的识别主要是通过毛巾是否有突起及突起的形状来判断的，这样的外观判断是比较难的，不但需要孩子有大小的识别能力，还需要孩子有空间联想能力，这样才能把大的突起对应上大的物品。这样的游戏对孩子空间思维力、联想力的提高是很有帮助的。

（3）理解轻重

用一个小木槌和一个气锤，分别锤打一块面团或橡胶泥团，敲击的时候都是同样的表情和动作，每次敲完以后让孩子看看面团，反复几次后，问孩子哪个锤子敲在手上会特别疼？先让孩子指出来，然后再让孩子把手伸出来“验证”。敲打孩子时，看孩子是否会有意识的躲避。

【讲解】我们引导孩子先观察而不是直接给孩子轻重概念，目的就是让孩子能在游戏中通过观察产生高级思维，然后再通过切身体验来验证自己的结果，从而掌握思考的方式和方法。

（4）看多（少）了什么玩具

在孩子面前摆放上几件玩具，先让孩子指认一下都有什么玩具，然后用布遮住悄悄放上一件（或悄悄拿走一件），看孩子能否觉察多（少）了什么，并指出来或说出来。

【讲解】提高孩子的观察能力。

（5）拼圆

自制“圆形拼图板”，拼图板中都是圆形，且这些圆形的大小、颜色都相同，均被分成了两块。区别在于：有的是沿中轴直线对半分；有的是“S”型曲线分成两半、有的是沿任意弦分成两半。把这些提前制好的两半图形给孩子，让孩子自己找出谁和谁是朋友。

【讲解】游戏之初只给孩子两个圆共4小块，让孩子一一配对。通过这样的游戏让孩子理解图形大小的守恒性，感知整体和部分的关系。同时提高孩子对图形细节的观察能力。

（6）看图片念儿歌

给孩子看小鸭子的图片，让孩子注意观察鸭子的嘴巴是扁扁的，并提问孩子鸭子怎么叫唤、怎么吃东西。然后教孩子念儿歌：“鸭子的嘴巴扁扁的，鸭子高兴就嘎、嘎、嘎；鸭子的嘴巴硬硬的，要吃东西就嘎、嘎、嘎。”边教孩子念边做动作。也可以给孩子套上手套直接配合儿歌跟随老师做动作。

【讲解】通过儿歌引导孩子观察鸭子的外观特征，并让孩子在游戏中思考语言和动作的关系，增强他的语言表达能力和动作模仿能力。

（7）感知事物整体性

提前准备生活中常见的事物，比如小白兔（没有耳朵）、人（没有胳膊）、小汽车（少了轮子）、小飞机（少了翅膀）。先提问孩子：“这些是什么”，等孩子回答以后再问孩子“它们对不对？哪儿不对？少了什么”。

如果孩子不能很好地完成游戏，您可以把游戏难度降低，设计成对称型缺损。比如小白兔只是少了一只耳朵，小汽车只少了一个轮子。这样易于孩子的观察。

【讲解】熟悉事物的整体性认知对于1岁半以后的孩子来说可以开始了，但这个时候，我们需要的不是他能马上准确地说出或指出缺少了什么，更多的是让孩子在家长的指导下观察事物的前后变化，从而感知事物的整体性。家长在日常生活中可以经常告诉孩子一些事物整体性的概念。比如，给孩子穿鞋的时候，当给孩子穿上一只鞋的时候，我们就提示孩子：“怎么只有一只鞋呢，鞋有几只？有两只鞋，这还有一只？”让孩子在日常生活中感知事物的整体性。

除了用游戏的方式增强宝宝的观察能力外，我们还可以在平时生活中帮助宝宝养成爱观察的习惯，比如您可以引导宝宝观察周围的生活环境和熟悉的事物：

经常提醒宝宝看看楼下花园的花有什么变化，观察相同事物的持续变化；

爸爸的车有没有什么地方被刮伤，观察细小的地方；

家里又添了什么新的电器，观察新事物；

早上的太阳和中午的太阳有什么不一样，对比观察相同事物的不同形态；

热水和凉水有什么不同，通过感知觉观察二者之间的差异。在引导孩子进行观察的过程中，可以用多种知觉形式。

致家长的话

观察是智慧的第一扇门，帮助孩子开启这扇门吧！

6. 孩子的“记性”好吗

经常听见父母在评价自己宝宝的时候会这样说：“宝宝记性特别好，我教他背唐诗，他很快就可以记住；东西放在哪儿，他隔好几天都能找得到……”

孩子的记忆力真的很好吗

①孩子可以完整地背诵一首儿歌或唐诗。

②孩子可以模仿别人完成至少3个以上的连贯动作，比如儿童体操“叉腰、点头、拍拍手”等。

③能说出至少3名家庭成员的名字。

④能记起他的某个玩具或物品是谁送给他的。

⑤去过的地方，当再次去的时候能表示明确的认识，并能记起在这里曾经发生的事情。

⑥对于熟悉的故事，如果家长复述时发生了错误，孩子能及时指出。

⑦孩子能回忆起去动物园参观时，先看见什么动物，后看见什么动物。

⑧孩子能在合适的场合使用您告诉过他的一些特殊词汇，比如喝饮料的时候会要求喝芬达、七喜、可乐等品牌性词汇。（不是苹果汁、橙汁等词汇）

⑨孩子在熟悉的商场里能明确地指出玩具区在哪儿，甚至可以自己找到。

⑩听见旋律马上能想起是哪首歌曲，并能跟着旋律一起唱歌。

A. 表现明确，并做得很好（2分）

B. 偶尔能做，但完成情况不好，或表现不明确（1分）

C. 从来没有表现过，或根本不能完成（0分）

【分析】得分≤8分，孩子的记忆力有待提高。家长首先要了解记忆力培养包括多个方面，不单纯指“背诵诗歌”，要注意在生活中培养孩子的各种记忆能力。

得分为9～15分，孩子记忆力的发展比较均衡，家长要注意鼓励孩子进行相关的记忆训练。

得分≥16分，孩子有比较好的记忆力。家长要结合孩子记忆能力发育的敏感期给予孩子适当的刺激和引导，帮助孩子形成良好的记忆能力。

●相关提示 记忆是在大脑内贮存和提取信息的过程，它是一种重要的心理功能，也是大脑的高级功能。根据相关研究，宝宝一出生就能记住某些刺激了，3个月以后记忆就有一定的发展。当孩子成长到1岁半以后，就有了相当明显的记忆能力，这段时期的孩子具有非常强的机械记忆力。记忆是智力发展的基础，如果没有良好的记忆作基础，任何学习和早期体验都不能被很好地储存，也不能为以后的智力发展提供知识和经验储备。

孩子的记忆是多元化的，家长不要狭隘地把孩子的记忆力看成是简单的背诗、背数或简单的回忆指认，应该加强孩子多方面的记忆能力的训练。比如语言记忆能力、空间方位记忆能力、符号形状记忆能力、顺序记忆能力等。

帮助孩子提高记忆能力不能使用“强化、逼迫”的方式，最好通过游戏，使孩子在愉快、轻松的环境下接受训练。

可以给孩子做的游戏

（1）什么东西不见了

您准备“帽子、手套、杯子、眼镜”等至少4样东西，用一块布盖上并拿走一样东西，等掀开布后，问问宝宝“什么东西不见了”。

您也可以用图片给孩子做这样的游戏。在图片上顺序画至少4个图案，比如画“帽子、手套、杯子、眼镜”，然后背着孩子用纸遮住某个图案，问他“这个地方原来是什么”。

您还可以提前准备两张图片，一张图片上依次画有冰淇淋、洋娃娃、杯子、苹果、剪刀5样东西，另一张图片上有其中4样东西，但摆放顺序不一样。先给孩子看第一张图片，然后收起第一张图片给孩子看第二张图片，问问孩子“少了什么东西”。

如果孩子完成得好，您应该增加物品或是图片的数量。

【讲解】游戏训练孩子对比观察的能力，促进记忆力的发展。

（2）儿歌和动作

放音乐《小星星》，您先做示范，跟着音乐做动作，到听见“一闪一闪亮晶晶”、“星星眨眼”的时候做捏拢和张开的姿势。

您先随音乐做前举、上举、平举、拍手、踏步等动作，您每次只做3个动作，让孩子先看，然后鼓励他跟随音乐回忆怎么做动作。

【讲解】孩子的记忆除了有关语言的，还有对肢体动作的，这个游戏就可以培养孩子对肢体动作的记忆能力。同时，游戏也提高了孩子肢体的协调性。

（3）学学妈妈做饭

把准备好的炊具和相关的食物模型给孩子，让孩子学妈妈的样子煮煮饭、炒炒菜，观察孩子做事情的顺序是否符合妈妈做事的程序。游戏中，您可以用黄色的太阳花特指鸡蛋、用纽扣代指藕，用小木棒代指青菜，让孩子记住这些间接的信息。然后您可以“点菜”了，例如您点一份青菜炒鸡蛋，观察孩子用哪些东西来“配菜”。

【讲解】游戏考察了孩子对熟悉事件的记忆力，提高了孩子的间接记忆能力。

（4）“听写”电话号码

您每次给孩子两张卡片，比如“241—378”，然后您念其中一组数，让孩子把您念的卡片取出来。刚开始的时候，卡片上的数组区别很大，基本没有什么重复的地方，以后逐渐加大难度，比如“269—254”、“655—566”、“575—757”、“537—735”等，如果孩子比较配合，您应该根据孩子的实际情况给予不同程度的提高。

【讲解】孩子不会写字，但这不影响孩子听写能力的训练。这个游戏既能增强孩子认识数字的能力，又能在游戏中让孩子的瞬时记忆能力得到提高。您还可以在家中的各个角落贴一些这样的卡片，偶尔发出命令，让孩子去取卡片。

（5）跟我拍拍手

您先按┃X X┃X X X┃的节奏拍手，然后鼓励宝宝自己做一遍。在做的过程中您可以用有节奏的语言提示孩子，比如“啪—啪，啪啪—啪”，帮助孩子建立节奏感。还可以简单变化节奏再反复练习，比如┃X X┃X X┃，音节不要太多。

【讲解】这是一个音乐游戏，目的是提高孩子的节奏感和记忆力，同时也训练了孩子的听觉感知能力和手的动作的协调性。

误区讨论

（1）给孩子背诵诗歌好不好

孩子有自我发展、自我学习的需求，如果家长能做到适时引导、不强迫孩子完成，就不会对孩子造成什么伤害。有些教育者认为唐诗太晦涩，孩子识记这类诗歌不好。但如果孩子喜欢，而且在背诵这类诗歌上表现出非凡的记忆力，家长也可以引导孩子进行这方面的记忆训练。

（2）训练孩子的记忆力，是不是让孩子“死记硬背”

记忆力是人类智力因素中非常重要的一个内容，如果没有记忆力的发展，人类的智力发展就不可能获得发展。“死记硬背”是我们对机械记忆认识的一种误区。在幼儿发展阶段，机械记忆占主导地位，这样的记忆是符合孩子心理发育特点的。家长要有意识地促进幼儿记忆能力的发展，但不可以强迫孩子，也不宜让孩子识记一些复杂的事物。

在生活中帮助孩子“记忆”

鼓励孩子回忆过去经历过的事件；

经常给孩子讲故事，然后做适当的提问；

鼓励孩子进行模仿；

用多种知觉形式鼓励孩子进行记忆，比如可以用耳朵记忆声音，用嘴巴记忆味道等；

帮助孩子回忆事物的排列顺序、事件的发展顺序等。

致家长的话

尽管绝大部分人很难回忆起3岁以前发生过的事情，但这并不是记忆信息丢失，其实它们仍然贮存在您的大脑里，只是很难被提取出来。所以即使在宝宝很小的时候，您也应该帮助孩子学会记忆。

7. 帮助宝宝建立不同的“大脑文件夹”

您使用过电脑吗？如果您的工作要经常使用电脑，当您制作了许多不同类型的文件，有经营类的、财务报表、合同制度、员工档案等。您会怎么存放这些文件呢？您肯定是在电脑里建立不同名称的文件夹来存放不同的文件，这样，当您想查阅某个文件的时候，就可以很轻松地按照您的分类体系来找文件了。

孩子的学习过程和您存放文件的过程有一些相似的地方：

1岁半以后的宝宝，他的词汇吸收能力特别强。当大量的词汇进入宝宝大脑的时候，它们是零散的、没有规律的。这个时候，您需要引导孩子做一些分类游戏，帮助他们把已知的词汇进行“分类储存”——建立“大脑文件夹”；除此之外，您还需要引导他们做一些联想性游戏，帮助他们把已经储存的词汇“产生关联”。

有了这些，宝宝的学习会更上一层楼，宝宝变得更聪明了……

您是否会帮助孩子进行“分类思维”训练

①当您教孩子认识香蕉的时候，您会引导他再认识一些其他水果吗？

A. 会　　　　B. 不会

②您经常会跟孩子说“一样”、“同样”这类的词汇吗？

A. 会　　　　B. 不会

③您有过“妈妈的衣服比宝宝的衣服大”类似这样的类比性描述吗？

A. 说过　　　　B. 没有

④您给过孩子“家具、电器”类似这样的归纳性词汇吗？

A. 给过　　　　B. 没有

⑤您有没有让孩子学着找找哪两只鞋是一对，或类似这样的配对游戏。

A. 玩过　　　　B. 没有

【分析】对于以上问题，如果您有3个以上“A”，说明您平时生活中的一些行为能帮助孩子建立“分类思维”。您现在需要了解更多的关于分类能力的知识。

●相关提示　分类学习是宝宝数学学习的一项重要内容，分类游戏可以促进孩子归纳性思维的发展，为宝宝日后的数学学习奠定基础。引导孩子完成分类游戏的难点不是怎样分类，而是让孩子理解“按照什么标准来分类”，所以您在制定分类标准的时候，一定要符合孩子的实际认知情况，或者提前通过其他方式帮助孩子理解分类的标准是什么。

在孩子完成分类游戏后，您应该总结同类事物的共同特征，并用一个概括性词语来描述，比如“动物、食物、电器、文具”等，帮助孩子理解事物之间的关系；您也可以让孩子想想还有什么和这些“相同”，以扩展孩子的发散性思维、联想思维。分类训练对孩子形成高级的思维能力和数学学习能力是非常重要的。您可以通过很多方法来提高孩子的分类能力，以下是可以参考的训练重点：

鼓励孩子学习根据事物的特点或特性对其进行分类或区分；

帮助孩子学习类比性描述；

加强孩子联想思维、归纳性思维、发散性思维的训练。

您可以给孩子做的游戏

（1）动物分类

给孩子一些动物图片，让孩子把“会飞的动物”找出来，然后提问“为什么它们会飞”，引导孩子总结动物的特征。同样，我们还可以引导孩子进行其他类型动物的分类，比如“水里游的”、“吃草的”、“家里养的”，等等。

【讲解】1岁半以后孩子的认知学习不能只简单地停留在动物外观形

态的识别上，我们要扩大认知的深度，引导孩子把已知的动物进行分类总结，提高思维能力和学习能力。

（2）联想训练

游戏过程中要对孩子的回答表示尊重，无论孩子回答什么，都要引导孩子自圆其说。

眼镜和什么有关系？为什么眼镜和眼睛有关系？

牙刷和什么有关系？为什么牙刷和牙有关系？牙刷还和什么有关系？

照相机和什么有关系？为什么照相机和胶卷有关系？照相机还与什么有关系？

铅笔与什么有关系？为什么铅笔和纸有关系？铅笔还与什么有关系？

雨伞和什么有关系？为什么雨伞和下雨有关系？雨伞还与什么有关系？

汽车和什么有关系？为什么汽车和公路有关系？汽车还和什么有关系？

太阳和什么有关系？为什么太阳和白天有关系？太阳还和什么有关系？

电扇和什么有关系？为什么电扇和热天有关系？电扇还和什么有关系？

以上联想训练尽可能给孩子许多因素的暗示，激发孩子一物多因素的联想，从用途、功能、使用方式、事物的相似性、外观形式、字面意思等多方面提示孩子进行联想、想象。

【讲解】联想性语言训练能促进孩子语言逻辑思维的发展。联想训练同时也能激发孩子的想象力，激发孩子的发散性思维和创造性思维。在游戏里，指导者会发现孩子的思维是跳跃性的，无意的想象和联想占主导地位。孩子在游戏中会受其他孩子回答的干扰，老师不要马上制止，要引导孩子把话说清楚，解释为什么他会这样认为。

（3）找共同之处

您给孩子展示一些卡片，电话、电视、电吹风、电灯、电熨斗等，然后提问："这些东西有什么地方是相同的？"引导孩子说出"它们都有电或它们都用电"，然后您总结这些用电的东西叫电器。然后把其他名称中没有"电"的电器产品（洗衣机、微波炉等）的卡片及一些非电器产品的卡片搀和进去，让孩子分分类（分两类即可）。分类的时候先不提示孩子哪些用电、哪些不用电。

【讲解】2岁以上的孩子对生活中的用电产品早就有所感知了。游戏中，我们先用名称里有电的用电产品提示孩子这些用品的共性，然后通过不提示的分类游戏考察孩子是否能够发现分类的标准，并作出正确的判断。

（4）纠正错误

故意说错话，鼓励孩子发现问题，并指导孩子如何纠正错误。

“洗衣机比电视机能洗衣服！”“小鸟比鱼飞得高！”

“冰淇淋比汽车好吃！”

【讲解】让孩子理解只有同类事物才能用来作比较，帮助孩子学会类比性描述。

（5）它们可以用来做什么

您（准备吃饭用的小碗）问问孩子，“小碗可以用来做什么？”引导孩子回答。对于孩子的回答，您可能想象不出会有多少答案，无论孩子说什么，您尽可能提供相关的游戏材料让孩子尝试做做看。比如，有的孩子会回答“小碗用来敲核桃”，您可以问问宝宝是不是看见谁这样做过，然后找一个核桃让孩子自己试试。

在帮助孩子尝试并验证他们答案的时候，对孩子的一些“无边际”的回答您不要给予嘲讽，千万不能直接否认孩子的答案，您可以这样说：“现在不行，可能以后就行了！”不要打击孩子的积极性，这是在启发孩子的发散性思维和联想力。您可以向孩子提问的有“砖头、书、纸”等，最好是孩子生活中常见的事物。

【讲解】通过发散性提问激发孩子的联想。

●**相关提示**　结合日常生活，您提问宝宝：哪些是能吃的、哪些是穿在身上的等。

因为孩子存在调和性推理思维，他们的分类过程比较混乱，一会儿按照色彩分，一会儿又可能按照形状分。所以，在引导孩子做分类游戏的时候，要帮助孩子建立统一的分类标准。如果是孩子自己在进行，您需要引导提问“为什么它们是一样的？”或“为什么要把它们放在一起？”启发孩子理解分类标准的固定性。

在和宝宝讲话的过程中增加类比性描述。比如您可以说“爸爸比妈妈长得高”等。

去商场购物回来以后，您可以让孩子把颜色相同的放在一起，或者是把能吃的东西放在一起等。

致家长的话

孩子的信息接受能力是非常强的，孩子会记住偶尔听见的任何一个词汇，尽管他可能根本不理解，但凭借当时的场景、语意和分类思想，他就会知道这个词和他知道的哪些事物应该是一样的。这就是孩子的学习，它不需要样样都清晰明白地理解，无须解释，他照样会明白。

8. 孩子的探索需要帮助吗

孩子对任何新事物都是充满好奇心的。有了好奇心就有了认知的开始，借助“好奇心”，他会探索任何感兴趣的事物。他会用自己的方式尝试拆开、敲打一些东西，或者模仿您的样子玩耍、操作……

我们是鼓励孩子独立地发展的，当孩子第一次接触一个新事物，并进行探索时，您需要给孩子帮助吗？如果您认为孩子太小，他的探索是需要成人帮助的，那给予孩子什么样的帮助最合适呢？下面我们将探讨这个问题。

您是否是一位会帮助孩子探索的家长

当孩子对一个新事物感兴趣，想去摆弄的时候，您会：

A. 先详细地示范给孩子看，然后鼓励孩子自己尝试操作。

B. 先鼓励孩子自己试试，然后再结合孩子的情况给孩子讲解怎么操作。

C. 提出一个问题，告诉孩子您也很想知道怎么用它。然后和孩子一起去解决问题，让孩子当您的“小帮手”。

【分析】A. 您是一位不太会帮助孩子探索的家长。尽管您很耐心地“教”孩子，但效果不会太理想，结果往往是孩子随意地摆弄一小会儿就会失去耐心。原因就在于，孩子太小，对于新事物的探索是建立在一定的认知基础上的，您“全能”的表现，会让孩子对这个事物感兴趣，而以他的认知水平，他是无法记住这些过程的。您认为您的动作是给孩子很好的示范，为孩子探索提供了依据，如果事物操作过程简单，可能效果会不错，但即使是这样也会限制孩子对新用途（或玩法）的“开发”。如果是复杂事物的操作，您也用这样的方法就更不行了。

B. 您基本能很好地帮助孩子进行探索。您能结合孩子的实际情况给予孩子适当的帮助，让孩子的探索过程更有效率，孩子会因为有您的指导完成一定程度的探索。但这样的探索形式显得有些“无的放矢”，孩子在这样的探索过程中，不知道为什么要这样做，这个东西到底是用来做什么的，所以孩子之前的探索过程就是一个“无目的”的过程。对于年龄小一些的孩子，他很可能就只是用嘴巴“啃咬”一会儿就结束了探索过程。等您想给他讲解这是什么的时候，他可能早不感兴趣了。

C. 您的方式能很好地帮助孩子进行有效的探索。首先，您没有马上告诉孩子这是什么，可以用它来做什么，而是向孩子提出一个问题，让孩子通过和您共同探索，逐渐了解、感受、体验并得出答案。您的做法充分考虑了孩子的实际情况，对于3岁以下的宝宝来说，限于认知水平和手部精细动作的发育程度，要想让孩子独立地完成新事物的探索是非常困难的。真正有效又有系统的探索，还是以您为主导的探索，孩子更多的是去体验和感知。

●**相关提示** 孩子太幼小，有效的探索行为是需要有成人帮助的，您可以适时地提示宝宝该怎么做，甚至可以作示范。

不要把探索只限于让孩子通过操作、体验知道是什么，应该及时地让孩子学会用所获得的信息进行深入的探索。

支持孩子按照他们的兴趣进行探索，这样的探索会更有效果。在这之前，需要您提前分析孩子在这个探索过程中可能会需要的游戏材料，然后提供这些材料供孩子尽情探索。

有效的探索不是说让孩子随意地乱翻乱弄就可以了，在孩子探索以前，您应该根据孩子实际的认知水平和能力提出问题，让孩子带着问题去探索。比如，在探索“卡通钟”的时候，您可以要求小宝宝把钟上的卡通动物弄响就可以（按键）；但对大宝宝的要求就要难一些，要求宝宝尝试把指针拨动。

有效的探索是需要耐心的，而大部分的宝宝是没有耐心的。所以，在引导宝宝进行有效探索的过程中，您可以不时地添加某个新奇物品供宝宝参与探索，以增加探索的程度。比如，在宝宝探索“卡通钟”的过程中，您可以趁宝宝不注意的时候把钟的音乐声调换，当宝宝进行相同探索的时候，发现声音变了，他就会反复尝试。

可以给孩子做的游戏

（1）感受电的存在

您用录音机放音乐给孩子听，然后突然把插头拔了，提问：“录音机怎么不响了？”引导孩子和您一起找找原因。

然后再告诉孩子“因为没有电了”。您再用其他电产品反复演示几次，比如手电筒、电风扇等，让孩子感受“电”的存在。

【讲解】让孩子通过演示，总结出结论：生活中有许多物品如果没有电就不能动，从而感受电的存在以及它与生活中某些物品的相关性。

（2）找出用电产品

在上一步游戏的基础上，给孩子一些卡片，让孩子把需要用电的东西找出来，比如洗衣机、电话、电视、微波炉等。也可以直接用家庭中实物让孩子指认。

【讲解】实际上，孩子对生活中的用电产品的探索很早就开始了。家长不妨回忆回忆，是不是在孩子1岁4、5个月的时候，他们特别喜欢去碰插头、电源之类的东西。因为那个时候，孩子已经通过生活实践感知了电的存在。这个游戏就是通过图片的表象信息提示孩子把已经无意储存在大脑里的和电相关的具体事物回忆出来，而不是教孩子认识这些东西是什么。通过这样的游戏，可以帮助孩子把早期无意吸收的信息进行分类，提高大脑思维的速度和深度。

（3）了解电路

您可以给孩子准备电池、电线、小灯泡等用具，然后组装一套简单的电路，帮助宝宝尝试把电线搭在电池上让小灯泡发光，然后让孩子自己探索。如果探索过程中发生线路故障，您可以提醒孩子，让孩子观察，必要时你还是要帮助孩子的。

如果孩子感兴趣，您还可以用形象的语言对孩子说明各个用具的用途：电池就是电源，电就是从这里发出的；电线是电走的路，就像汽车要在公路上行驶一样；灯泡是电器，它可以发光，为人们照明。

【讲解】通过认识电路和动手操作，提高了宝宝探索的兴趣，而且在探索过程中基本认识了电路的组成。最重要的是让孩子明白电的用途，它可以提供电器能量，让这些电器为我们服务。

（4）电的危险性

在游戏结束后，您要告诉孩子，电很危险，不要用手去碰电门、插头等。如果可能，您可以准备一些资料（图片或视频均可），给孩子展示一下。

在这个游戏的基础上，和孩子一起找找生活中哪些地方是有电的、危险的，让孩子指出来，您帮助孩子贴上一个"有电"的标志。

【讲解】电是非常危险的，但您决不可以让孩子直接去感受它的危险。如果可能，您可以找一些相关的故事书或图片资料反复讲给孩子听。对于孩子无论是有意或无意地去触碰电门的事，家长要用最严厉的态度和方式及时制止并反复强调。

●相关提示 一系列关于电的游戏增强了孩子的认知能力，让孩子在游戏中观察如何把电转变成光亮，从而理解电、认识电。在这里，我们只是向家长展示如何通过游戏帮助孩子进行有效的探索，在游戏中您可以看到每个探索步骤之间都有联系，孩子可以根据上一步的探索结论展开下一步的探索。虽然，提供给孩子进行探索的游戏材料都是普通的材料，但它们会引起孩子的兴趣。类似这样的自然科学类游戏激发了孩子探索科学的欲望，培养了孩子爱探索、爱思考的习惯。在生活中您还可以帮助孩子对这些现象进行探索：沉浮现象、色彩的变化、不同事物的吸水性以及水的三态变化。

致家长的话

让孩子一个人孤独地探索，就如同把一个人扔在了一望无际的荒漠里，会让他失去探索的欲望和信心。有效的探索是需要适当的帮助、指导和模仿的。

9. 宝宝的“笑话”

一天，妈妈买了几条金鱼回来，妈妈教宝宝认识鱼，并告诉宝宝：“鱼生活在水里，它会游泳。”第二天在菜市场，宝宝看见市场里卖的鱼，问奶奶“这是什么”，奶奶告诉宝宝是“鱼”，宝宝问：“怎么这个鱼和妈妈买的鱼不一样？”奶奶解释道：“在水里游泳的都是鱼。”某日，爸爸带宝宝去游泳，宝宝看着游泳池里的爸爸大声“告诫”道：“爸爸不游泳，游泳就变成鱼了！”

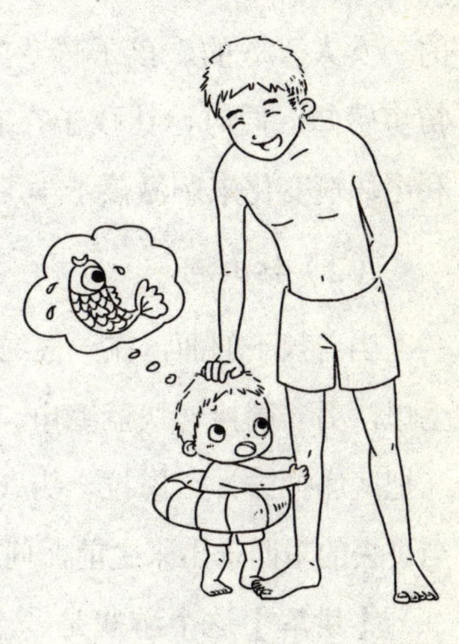

这只是刊登在某晚报上的一则笑话，说是笑话，却真实地反映了3岁以下婴幼儿的思维特点——转导推理思维。

何为转导推理

转导推理是以从一个具体的观察中形成一个具体的结论为基础的，它和成人的演绎推理和归纳推理形成了对比。转导推理经常会导致不准确的结论，就像“笑话”里宝宝的推理过程：鱼游泳、爸爸游泳，所以爸爸是鱼！您的宝宝在生活中有这样有趣的“笑话”吗？

可以给孩子做的游戏

（1）欣赏时装图片

平时在家您可以和孩子一起看时装杂志，杂志里有男人、女人和孩子的服饰。在看的过程中您可以用生动的语言告诉孩子：“这是爸爸穿的衣服，爸爸是男的，他喜欢穿西服、夹克。妈妈是女的，妈妈喜欢……小朋友是孩子，孩子喜欢……”以后再看其他同类杂志的时候，您就可以问问孩子：“爸爸会喜欢哪件衣服？妈妈喜欢哪双鞋？宝宝能穿的衣服是哪件？”

【讲解】通过引导孩子看时装杂志，让孩子推理出爸爸（男人）喜欢的、女人喜欢的、孩子喜欢的衣服的风格。培养孩子对性别、年龄差异的初步感知。同时，让孩子在有效的引导下欣赏时尚的变化也是一种积极地利用环境变化来刺激孩子学习的好方式。

（2）钻山洞

当着孩子的面，在一根绳子上拴上至少2件玩具，在绳子的一端拴一块红毛巾，另一端拴一块蓝毛巾。用一个上下都有孔的盒子或是卫生纸纸筒盒盖（把底座抽去），您拉一头（比如红毛巾），然后把绳子从孔上方放下去，当进去的东西未出来之前，问一下孩子，“下面会出来什么玩具？”

【讲解】这个游戏是一个非常经典的顺序性思维游戏，在游戏中孩子不但要思考“事物先进先出的顺序”，还要结合露在外面的已有事物用排除法推理出可能会出现的事物。游戏训练了孩子的记忆力、顺序性思维能力和推理能力。

（3）躲猫猫

家长在家的时候，可以利用家中的许多东西和孩子玩，比如家长可以藏到门背后，让孩子来找。反过来，让孩子藏起来，家长去找。这个时候家长会发现，孩子会藏到你藏的地方。当你再藏起来让孩子找的时候，孩子仍然会到上次的地方去找。所以家长要有至少3个藏点，让孩子通过反复的游戏知道什么是“藏”，并逐渐掌握推理的思维能力。

【讲解】游戏的目的就是让孩子逐渐明白藏点的变化，并在反复找的过程中记住这些地方，以便依次寻找下去，使孩子的思维不只是单纯的记忆，还有简单的推理。当一个地方找不到的时候，他会去另一个地方找。

（4）妈妈要买什么东西

您提前准备一些红色的东西，比如杯子、衣服、篮子、积木、螺丝、纽扣、糖果等。再准备一些其他东西，比如绿色的树叶、黄色的香蕉、蓝色的积木、紫色的葡萄等。准备的东西不要超过6样，但至少有2样以上是红色，2样以上能吃的东西。您可以这样依次提出要求：妈妈要买什么东西呢？条件：A．妈妈喜欢红色的东西；B．这个东西要能吃（答案：红色的糖果或是红色的苹果）。

有的孩子可能不能认识色彩，家长要根据孩子的实际认知情况来设计游戏。

【讲解】顺向推理突出的是孩子的综合分类能力。孩子首先应按要求把红色的东西分出来，再套第二个条件，把能吃的东西找出来。这样的要求，如果让孩子一步步完成，孩子应该完成得非常好，但综合在一起，孩子就会忽略其中某个条件，只参考一个条件。这个游戏的目的就在于提高孩子思维的严密性和逻辑性。

生活中的推理训练

提醒宝宝观察事物的变化过程，比如昼夜变化、四季交替等；

帮助宝宝对事件发展的顺序有一定的认识，比如妈妈怎么做饭、医生怎么打针；

讲故事的时候，故意不把结果告诉宝宝，让宝宝根据故事的内容想想会是什么样的结果；

引导孩子做一些猜谜语的活动；

在有意引导孩子进行推理的时候，要学会尊重孩子，不要取笑孩子的推理结论，您可以用孩子可以理解的方式帮助孩子验证“答案”。

致家长的话

人的大脑是用来思考问题的，宝宝的大脑也一样。在推理游戏里，宝宝必须开动脑筋去思考问题，而不像记忆某个概念那么简单。

10. 学“写”字

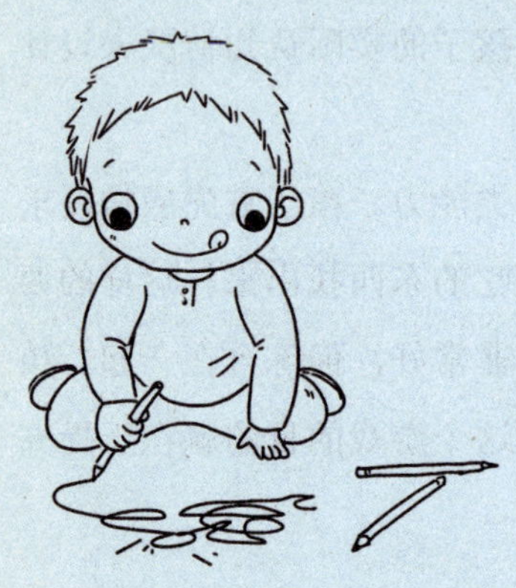

您可能认为宝宝太小，他根本不可能握住笔学习写字。您也不想在孩子这么小的时候就开始所谓的“学习”。但您有没有发现孩子有非常强烈的想“写”的愿望。您会经常看见宝宝拿着彩色笔到处乱画，衣服上、地板上、墙上……这个时候，您可能会说，这哪是在“写字”，这是在乱画。其实正是这样的“乱画”，为宝宝今后的写字和绘画奠定了基础，也让宝宝掌握了一种更高级的交流形式。

●相关提示 幼儿的写字能力是通过几个阶段来实现的：写字的萌芽阶段（涂鸦）、开始写字（创造拼字）和流畅地书写（按约定俗成拼写）。

3岁以前的小宝宝当然还处于“涂鸦”阶段。在这个时期，宝宝首先要学会的是如何拿住笔在纸上画出笔道；然后才是学习控制笔，模仿画一画直道（横竖笔道均可）；大部分宝宝在2岁以后才能很好地控制笔，模仿大人画圆圈，即便是孩子有了一定的手的控制能力，孩子的笔道仍然是杂乱的，这个时期的宝宝最喜欢画的就是“毛线团”；3岁左右，部分宝宝就可以模仿大人画完整的圆了。

让他学“写”字其实就是为了宝宝的手部精细动作发育，为将来的写字奠定基础。同时，学“写”字还可以提高宝宝识字的兴趣。

给宝宝准备合适的书写工具

笔：给宝宝准备的笔最好是容易握住的大蜡笔、或标准的学写笔（市场上有售，呈鸡蛋形状，上面有专门按宝宝手形设计的指窝，帮助宝宝正确握笔）。最好不要用彩色水笔，笔头太坚硬或太柔软的笔。

纸：用废挂历最合适，或者沿墙贴上一圈白色的大纸，因为您的宝宝喜欢大面积地到处乱画，以显示他“作品”。标准的小页纸宝宝没有兴趣。

其他工具：可以找一些模板，比如各种花样的尺子、盖子等。

磁性贴：可以是数字、字母或其他形式的磁性贴。

识字积木：简单的偏旁和部首即可。

可以给孩子做的“写”字游戏

（1）挂窗帘

您在白纸上先提前画好窗帘杆，给宝宝示范，如何握笔从窗帘杆处往下画直道——挂窗帘，然后让孩子自己完成。

【讲解】通过绘画的方式，提高宝宝的手控制能力和眼手的协调性，教会宝宝写竖道。在这里，我们只是展示如何用游戏的方式让宝宝对学写字感兴趣，您也可以让宝宝练习写横道等其他笔画。

（2）贴字

3岁以下的宝宝，他的手还不能很好地写复杂的笔道和符号，但宝宝的认知能力又很好了。为了解决宝宝用文字表达的困难，您可以采用磁性贴或是识字积木。比如，您用识字积木拼一个“仅”字，然后把积木打散，让孩子对照提前写好的字卡，把这个字拼出来。完成情况好的宝宝，您可以直接展示字卡，让宝宝从积木里找出相应的部分尝试拼接。但文字的组成最好比较简单，比如“仅、化、什、仔、仁”等“亻”结构，游戏突出重复性。

【讲解】用孩子可以完成的形式，完成孩子对复杂符号（包括文字）结构的理解，促进孩子符号识别能力和记忆能力的提高。

（3）涂颜色

给孩子画有小方格子、小圆圈、小三角形等各种形状的格子，也可以是小花、树叶子等，让孩子拿彩色蜡笔涂上颜色。家长在设计图片的时候，最好提前涂上大多数，让宝宝完成少数，这样宝宝完成以后，他会认为整幅画都是他的“作品”，提高宝宝绘画的兴趣。

【讲解】1岁半以后的孩子手的运笔能力是有限的，但我们可以通过游戏来提高孩子的手的控制能力，对于孩子画出格子的笔道，指导者要及时纠正。

（4）压线“走路”

家长提前用毛笔画出一些简单的“大字”（一些标准偏旁或部首），比如“乛、亅、乚、厶、丿”等，把这些笔画画成空心的。在这些笔道起笔处标一个“进入箭头”、止笔处标一个“出来的箭头”，让孩子从标有“进入箭头”处进入，然后顺空心笔道从另一个标有“出来的箭头”处出来。在游戏过程中，告诉宝宝不能碰黑线。边做边用生动的语言“开小车咯”配合宝宝的动作。

【讲解】在“走路”的过程中，可以训练孩子的注意力和观察能力，提高孩子眼手协调能力和控制手的快速反应能力。游戏的设计还考虑到了中国文字的书写特点，让宝宝可以掌握一些笔画顺序，提高宝宝对中国文字的认识和书写的兴趣。

（5）画线

给孩子小尺子，家长先用尺子画一条横线，画的时候要提醒宝宝观察两只手是如何配合的，然后让宝宝自己尝试完成。如果宝宝两只手配合不好，家长可以适当帮助；完成情况好的宝宝，家长可以找一个瓶盖，让孩子尝试沿瓶盖边缘画一条线（不要求画圆）。

【讲解】游戏采用生活中容易获得的材料帮助宝宝提高了手的控制能力和双手协作的能力。

●**相关提示**　写字的能力随孩子手部动作能力的发展而发展。家长不要只盲目地注重孩子写字过程的训练，而忽略了其他形式的手部动作的发展。

写字要以孩子的实际为基础，切不可为了让孩子学写字而禁止孩子的涂鸦过程。

在教孩子“写”的过程中，家长可以采用多种游戏材料，提高孩子“写”的兴趣，也可以手把手教孩子完成。

对于孩子努力完成的“作品”，您要养成收藏和装订的习惯，您还可以配上一些简单的文字说明和插图，然后整齐装订。这样，孩子可以随时拿出来读读自己“写”的“书”，这是一种积极的鼓励方式。

致家长的话

文字学习是一个长期的过程，家长在引导3岁以下宝宝进行文字学习的时候，不要“生搬”小学教学，要引导宝宝的学习兴趣。

第六章　学会交流

虽然语言不同，但世界上所有的孩子都需要一张充满爱意的笑脸，都需要充满爱意的交流，这是他们走向未知世界的通道。

1. 宝宝听得懂您的话吗

从宝宝一出生，您就不停地惊喜于宝宝发出的各种声音——宝宝会和您咿咿呀呀“说话了”、宝宝会“喊妈妈了”、宝宝会“学小狗叫了”、“宝宝会说两个字了”……宝宝每次多发一个声音都会让您激动不已。

但您很可能过多地关注了宝宝的“语言发音”能力，而忽视了宝宝语言理解能力的发展。如果您有疑问，就和宝宝一起来完成下面的游戏，看看宝宝能不能听懂您的话。

测试宝宝理解语言的能力

现在请您准备一个洋娃娃、一个奶瓶、一个香蕉、一支笔，把它们都放在桌上。您给宝宝分别下三个命令让宝宝完成。要求：下命令的时候不要有任何肢体动作和目光的暗示。您可以反复说两次，但不可以做停顿或改变句子的意思，要把句子完整地一次性地告诉宝宝。可以开始了——

瓶子在哪儿？

把香蕉拿给爸爸！

你把娃娃抱起来给她喝点水，然后哄她睡觉！

都做完了吗？宝宝的完成情况如何？

【分析】如果宝宝三个命令都完成得很好，说明宝宝的语言理解能力很强。您在平时生活中也一定是用正常的言语形式和宝宝说话，没有刻意地把宝宝看成是“小婴儿”，所以宝宝可以很轻松地听懂那么长的句子。您现在需要做的是，促进宝宝学会使用较长的句式进行交流。

如果您的宝宝只能完成前两个命令，您可能一直以来都认为宝宝能很好地听懂您的所有话语。那么，就请您回忆一下，您平时和宝宝说话的时候，是不是经常使用比较简短的语句？您很少用10个字以上的语句和宝宝说话。不用担心，您稍微注意一点，宝宝很快就能适应比较长的句式的表达了。

如果您的宝宝只能完成第一个命令，您就需要引起重视了。反省一下，您是不是和孩子交流的时间比较少，或交流的方式太过简单化、词汇化、手势化。如果是这样，您要特别关注本书中“怎么和宝宝说话”这个章节的内容了。

●相关提示 幼儿的语言理解能力会随着幼儿的成长而成熟起来，但并不表明幼儿的语言理解能力不需要有效的引导和刺激就可以自发地发展成熟。家长与幼儿交流的时间、方式会直接影响其发展。您需要帮助孩子发展这些能力：

帮助孩子发展倾听能力，包括听的专注力、记忆力、理解能力等；

增强孩子对命令做出反应的能力，即当接受命令以后能够快速地给予语言或是肢体形式的回应；

增强孩子在语言交流中获得概念和提炼语意的能力，即能快速地理解对方说的话是什么意思。

可以给孩子做的游戏

（1）听音取物

在宝宝面前摆上各种东西，您下命令，让宝宝拿××。要是简单的名词，比如杯子、打火机等。

在宝宝面前摆一些相似物品，比如红色和绿色的苹果、大小皮球等，然后下命令。

在宝宝面前摆各种物品，比如球、杯子、笔等。您的命令可以是这样的：“拿可以喝水的”、“拿一个可以拍的玩具”等。依据宝宝认知水平的不同调整语句难度。

【讲解】结合宝宝的实际情况逐步提高宝宝的语言理解能力。同时，增强宝宝的认知能力和推理判断的思维能力。

（2）听命令完成动作

“宝宝点点头、宝宝跳一跳；宝宝笑嘻嘻、宝宝伸伸手”等。命令简单直接，最好是宝宝可以直接完成的动作。

“拿笔写字、用杯子喝水（不是奶瓶）、打开冰箱拿苹果（不是拿香蕉）”等动宾结构的简单语句。下命令的时候尽可能减少肢体暗示，不要用手指示孩子拿什么。

“把苹果放到盘子里（不是碗里）、拿2块饼干给奶奶（几块？给谁？）、把柜子上面的小杯子给爷爷（哪里的？什么东西？给谁？）”等更复杂的句子。

在给孩子下这些命令的时候，家长不要停顿句子或将完整语句拆分成词汇，如果宝宝听不懂，您可以重复几次。

【讲解】结合宝宝实际情况逐步提高宝宝的语言理解能力，提高宝宝对复杂语句的理解能力和表达能力。

（3）糊涂的娃娃

您用一个手偶娃娃，给宝宝讲故事，在讲故事的过程中故意讲错一些地方，看宝宝能不能指正出来。

“娃娃去树林里玩，他看见了一头牛，他就学小牛叫——呱、呱、呱！（可以提示宝宝牛应该怎么叫）

后来他饿了，他想吃面包，他跑到了卫生间！（提示宝宝，想吃东西要去哪儿）

夏天到了，娃娃觉得特别的热，于是他穿上了厚厚的羽绒服，还戴上了帽子。（提示宝宝觉得热要怎么办）

【讲解】结合宝宝的认知水平逐步提高宝宝的语言理解能力，同时促进宝宝的推理能力和联想能力的提高。

（4）他是高兴还是生气

1岁半以后的宝宝已经开始会“偷偷”看电视了，他喜欢看广告、动画片，在保证健康的基础上，您是可以让孩子看的。尽管宝宝还不能完全理解节目的意思，但他会产生简单的画面联系，这将有助于孩子的语言理解能力的发展。

在给孩子看卡通片的时候，您可以适当地提问，“他是高兴了还是生气了？”语言理解能力强的孩子，您还可以有些更为复杂的提问，比如“他为什么高兴啊”。

【讲解】促进孩子语言理解能力的发展。

怎样给孩子讲故事

（1）给孩子选择什么样的故事书

对于稍小一些的孩子或是语言理解能力有待提高的孩子，您最好给孩子选用有图画且画面连续、情节重复的故事书。比如“小猪送礼物”的故事，第一个画面是小猪把红气球送给了小白兔；第二个画面是小猪把黄气球送给了小狗；第三个画面是小猪把蓝气球送给了小熊……（类似这样的故事可以参见《婴儿画报》）这样的故事画面重复，故事情节简单，容易让孩子理解并复述。

对于稍大一些的宝宝或是语言理解能力比较强的宝宝，您最好选用一些画面有变化的原版故事书，比如“卖火柴的小女孩”等。

（2）怎么给孩子讲故事

对于稍小一些的孩子或是语言理解能力有待提高的孩子，在您讲故事的时候，您可以适当地放慢语速，在内容比较难理解的地方增加一些手势指示或是动作表演，帮助宝宝更好地理解故事。

对于稍大一些的宝宝或是语言理解能力比较强的宝宝，您可以直接采用朗读的形式给孩子讲故事。朗读过程一定要严格地按照原版书上的文字进行，不可以随意地按照自己的理解更改，以促进孩子对书面语言的理解和记忆。在讲的过程中要声情并茂，适当地增加语调的变化和语气的变化，使故事富于游戏色彩，帮助孩子用纯语言的形式理解故事内容，提高孩子的兴趣。

孩子在语言学习上的潜力是惊人的。不要以为孩子小、听不懂就可以将情节简化。

注重重复：对于孩子喜欢的故事，您可以反复给孩子讲，但重复的过程中不能删改任何内容，最好连词汇都一样。帮助孩子提高对词汇的理解力和记忆力。

（3）鼓励孩子学讲故事

可以以多种形式表现，当讲到故事某一情节的时候，让孩子模仿您曾经做过的某一动作。

鼓励孩子根据故事内容作创造性的表演。

引导孩子和您一起复述故事，您讲前面，让孩子结尾。

对于重复多次的故事，您故意讲错某个地方，引导孩子发现问题。

致家长的话

帮助孩子提高语言理解能力的最有效的方法就是：和宝宝平行交流，把宝宝看成一个“大孩子”。

2. 教您5种游戏和宝宝轻松“对话”

您可能会觉得和孩子“对话”太难了，他连句子都说不清楚，怎么能“对话”呢？其实您应该把“对话”看成是交流，无论宝宝说话的能力怎样，只要你们之间可以交流就实现了相互的思想表达。你们之间可以是动作的交流、眼神的交流、言语的交流等。但最轻松的交流形式还是——言语交流。所以您需要学习一些方法和宝宝“轻松对话”。

如何促进宝宝的言语交流能力

提高宝宝言语交流能力的最有效的方法就是和他多说话。学习语言和学习其他东西一样，最好在宝宝有所注意、有兴趣时进行。可以用多种形式来训练宝宝的言语交流能力，但一定要灵活多变、讲究趣味、生动活泼，还应把这种训练穿插到日常生活和游戏之中。

结合生活事件和具体活动教孩子说话，例如，早上边起床边和他聊天。聊天也是一种很好的交流形式。

短小、内容浅显的儿歌容易引起宝宝的兴趣。家长可以给孩子读儿歌，然后让孩子跟着读。

睡觉前给宝宝讲讲故事、让他看看图画书，在看看、讲讲的过程中，与孩子对话并进行提问，让孩子模仿、复述。

创设孩子之间的游戏环境，让他们在做游戏的过程中对话，这种形式是学习讲话、提高语言交流能力最自然、最有效的方法。

可以和孩子玩的游戏

（1）耳语传话

您先在宝宝耳边说一个词语，比如“大高楼、塑料球（孩子比较熟悉的）；核战争（孩子不熟悉的词语）；儿童玩具、三维动画、科普教育、恐怖事件（四个字的词语）；中国的万里长城、昆明的茶花（多个字词语）”，让宝宝传话给爸爸，看宝宝能否传对。

同样的游戏方式，您还可以尝试在宝宝耳边说一个简单的句子，比如“我要吃苹果、香蕉；到商场买牛奶、蔬菜（有并列结构的句子）”，天上有3只鸟、地上有2只小白兔（增加数字）；柜子上面是花瓶，桌子下面是皮球（增加空间方位名词）。

【讲解】培养亲子关系，让孩子养成认真听人说话的习惯，提高孩子的语言瞬时记忆力和理解能力。

（2）听音完成动作

妈妈说，宝宝做，并提前准备好相关的物品当做道具。

拿毛巾帮洋娃娃洗脸。（不是拿香皂，不是给小熊洗，是给娃娃洗脸）

拿盒子里的果冻给小熊。（是盒子里的果冻，不是盘子里的果冻；果冻是给小熊，不是给洋娃娃）

拿茶几上面的书讲故事。（不是床头的书）

【讲解】在这类游戏中，家长结合日常生活来设计就可以了。当孩子比较配合的时候，我们在给孩子下命令的时候想想用什么语句，以便收到良好的效果。

（3）它们走路真奇怪

您给孩子准备一些有应答形式的儿歌，让孩子配合您的儿歌完成动作，比如：

“小白兔，真可爱，两只耳朵竖起来，白兔走路真奇怪，白兔怎么走过来？”

“春天到，春天来，洞里的小蛇要起来，小蛇走路真奇怪，小蛇怎么走过来？”

“春天到，花儿开，美丽的蝴蝶飞过来，蝴蝶飞飞真可爱，宝宝也学着飞过来！”

家长每念完一句，先引导孩子讨论一下这些小动物是怎样走路的，教宝宝模仿动物走路。然后您再反复练习儿歌，您提问“白兔怎么走过来”，引导宝宝完成动作，您也可以在一旁配音“白兔这样走过来”。反复几次以后，让孩子边做动作，边配音回答。

【讲解】用儿歌的形式让孩子在游戏中产生应答，促进宝宝言语交流的兴趣。

（4）听音拍手

您随意选择词组，要求宝宝听见能吃的东西就拍手。

香蕉、大象、青蛙、饼干、蝴蝶、奶油、小狗、面条

桌子、铅笔、牛奶、台灯、果冻、苹果、橡皮、白纸

可乐、哥哥、警察、果汁、医生、酱油、牛奶、工人

【讲解】完全凭借语言词语就做出快速反应是比较难的，孩子对词语可能有印象，但要回忆它是什么东西又需要一个思维过程。这样的训练方式可以促进孩子对所学知识的巩固和形象记忆，增强孩子对言语的快速反应能力。家长在设计词组的时候，可以把同类词组安排在一起，这样也可以加强孩子对事物类别的理解。

（5）过家家

准备过家家的玩具，如果能有其他小朋友参与就更好。您在玩的时候可以做这样的引导："能把你的小锅借我一下吗？"看孩子怎么回答。孩子可能会说"这是我的，不给您玩"，也可能会痛快地答应您"好吧！"

根据孩子的年龄，您说一些孩子可以听懂的话，穿插在游戏中。游戏最终的目的不是让孩子回答问题，而是通过引导的方式让孩子和孩子之间或是孩子和成人之间形成平等的交流方式。这样的游戏最好在孩子之间展开。（具体参阅本书中"过家家"一节）

【讲解】创设游戏环境，让孩子在群体游戏中学会交际语言。

致家长的话

当您走进宝宝的言语世界，您会发现孩子是那么的可爱！

3. 学会尊重

您遇到过这样"尴尬"的事吗

您要求宝宝吃东西的时候必须在饭厅里，不准拿着东西到处乱跑，而朋友的孩子却早就在您的客厅吃了，还把东西弄了一地……

您不让宝宝吃太多糖，而您的朋友却不由分说硬是拿了一包糖给孩子……

您不准宝宝穿着鞋爬上床或沙发，而您带宝宝去朋友家玩的时候，却看到他的宝宝正带着您的宝宝穿着鞋到处乱爬……

您很担心孩子会不会有一些"坏脾气"，您也很矛盾于不同家庭的育儿方式怎么会有如此的差异，怎么办呢？

答案就是——"学会尊重、坚持您自己的育儿原则"。这不但是要您和孩子学会尊重他人，也包括让他人（包括宝宝）尊重您的育儿原则。

所以，对于以上提到的"尴尬"事件，您没有必要太担心，您需要知道的是：随着宝宝社会能力的发展，宝宝的适应性会逐渐增强，知道该做什么样的事情。您不必在朋友家太过要求您的宝宝按照您平时的要求来做，应让他能从容地进入其他环境，适应新环境的变化。当别的小朋友来您家里的时候，您也没有必要太"迁就"，您可以告诉他在您的家里，您的要求是什么！即使再小的孩子也会很快适应这样的要求、尊重您的规定的。

●**相关提示** 尊重是宝宝学会与人交流、合作的基础，是宝宝社会性发展的重要方面。在学习尊重的过程中，宝宝要学会适应环境、适应环境发生的变化，继而提高判断能力和适应性。同时，尊重也是一个广泛的概念，您应该带领宝宝站在一个更高的层面上学会广义的尊重，不但要学会尊重人，还要学会尊重自然万物。在帮助宝宝学会尊重时，您要关注以下几个方面：

帮助宝宝理解所有人在某一方面是相同的，但在另一方面又是不同的。例如，在分水果的时候，宝宝知道应该给每个人都分一份，但您还需要帮助宝宝了解，有的人喜欢吃香蕉、有的人喜欢吃苹果。

让宝宝学会对别人表达友好、慷慨、同情等情感，学会帮助别人。

鼓励宝宝对别人的需要和要求做出反应。

学会爱护环境和物品，遵守社会规范。

可以给孩子做的游戏

（1）圣诞大餐

您可以准备和人数一样多的好吃的或好玩的东西，提前告诉宝宝，每个人只能挑一样，而且要先让爷爷、奶奶来挑。然后您让宝宝端着盘子开始“分发”，留下来的一个就是宝宝的。如果宝宝不喜欢，您可以提示宝宝，“如果您想要××，您可以去问问××，看看他愿不愿意和你换。”要求家人要配合好，最大的“妥协”就是交换，不能孩子想要什么就都给他。

这样的游戏可以经常在家庭生活中开展。

【讲解】让孩子在游戏中学会尊重别人的选择，并且懂得对人应该大方、慷慨。

（2）红灯停、绿灯行

准备一辆玩具车，和宝宝一起玩“交通警察”的游戏。先告诉孩子游戏规则，然后您当警察，让宝宝开车，反复多次直到宝宝理解游戏规则。也可以让宝宝当警察，您来开车。

【讲解】让宝宝在游戏中学会理解规则，学会尊重别人的要求。

（3）你最喜欢做的事情

在家里和宝宝一起讨论“最喜欢的东西”、“最喜欢的事情”、“最喜欢的衣服”等。让宝宝通过讨论知道每个人都有自己的喜好，大家是不同的。

【讲解】通过游戏让宝宝了解人和人之间的差异，要尊重这种差异。

（4）看大戏

全家人在一起，每个人表演一个节目，表演过程中要求宝宝不准说话、吃东西，看宝宝能不能坚持。结束的时候，您带领宝宝一起拍拍手，表示对表演人的赞许。

【讲解】让宝宝在游戏中学会用一种积极的方式尊重他人，提高宝宝的专注力。

（5）玩扑克

准备纸牌，提前告诉孩子规则："每次只出一张牌，妈妈出一张，你出一张。"对于认知能力比较强的孩子，您可以制定这样的规则："每次出一张牌，妈妈出红色的牌，你也要出红色的，妈妈出黑色的，你也要出黑色的。只能跟着妈妈出。"

【讲解】游戏比较难，但经过多次的引导，孩子就会理解了。游戏的目的不是考察孩子的认知，而是让孩子理解"规则"。这对于您坚持自己的教养原则是非常重要的。

您在生活中这样做过吗

孩子把饭掉在桌上的时候，要求宝宝把饭粒捡进碗里！

【讲解】让宝宝学会尊重别人的劳动。

在公共汽车上遇到有人让座的时候，教宝宝感谢别人；或者您给其他人让座。

【讲解】让宝宝通过您的行动理解要帮助别人。

当有人问路的时候，您和宝宝一起带问路人去那个地方。

【讲解】让宝宝学会友好待人。

去动物园的时候不让宝宝随意投喂动物，并告诉孩子为什么。

【讲解】教孩子懂得对动物也要尊重和保护。

和孩子一起修补撕坏的书或弄坏的玩具。

【讲解】鼓励宝宝学会对自己的东西负责，并学会保护和爱惜物品。

引导孩子关注环境污染和破坏现象。

【讲解】帮助宝宝学会尊重自然界。

对于宝宝答应要去做的事情您坚持让孩子完成，哪怕您和他一起完成！

【讲解】在日常生活中让宝宝懂得要遵守承诺。

致家长的话

宝宝就像一张白纸，您可以在上面画出各种各样的笔道。尊重是需要从宝宝很小的时候就培养的，在这个过程中，身教重于言教。用您的行为去引导宝宝成为一个品质高尚的人。

4. 宝宝不喜欢参与“群体活动”吗

您有过这样的经历吗

您带宝宝参加游戏课，您希望您的宝宝能和其他小朋友一样和老师一起参与游戏，您鼓励他走进去，宝宝就是不肯，但却在一边当旁观者。鼓励的话您说了一堆，宝宝还是不去，您很无奈地自语：“这孩子怎么这么蔫儿！”

带孩子去游乐场，宝宝总是缠着您，只和您玩。您鼓励他和游乐场里的小朋友一起玩，他就是不肯。您还以为他是害怕大孩子“欺负”他，但后来您发现，即便是面对才会爬的小宝宝，他也会“退缩”，还是缠着您。您烦死了。

您是一位活泼的家长，您带着朋友的小孩和您的孩子一起玩游戏，却发现您的宝宝就是不玩，他在一边无所事事，或自己玩自己的。您很无奈。

这是怎么回事？宝宝为什么不喜欢参与到有小朋友的环境里呢？是他不喜欢参与群体活动吗？有的家长甚至担心宝宝是不是患了“自闭症”。

宝宝需要通过各种游戏满足需求

在任何年龄段，宝宝都有可能出现旁观和无所事事的游戏状态。您对宝宝的这类问题不应做出消极的反应。随着宝宝的成长，社会性游戏的数量也在增加。但是，在不同的时间或不同的地点，宝宝会有进行多种类型游戏的需要。他们有时需要一个独立的空间，可以待在那里一个人玩、甚至发呆。这样，宝宝就不会因为经常处于集体活动而感到不安了。

一些宝宝可能会在大部分的游戏时间都是旁观或无所事事。对这些宝宝来说，低水平的自尊、年龄太小不成熟或智力发展上的问题都有可能会妨碍他们参与到与同伴的游戏中去。这些孩子需要有您或老师的特殊帮助，使他们能发展成为社会的人。您需要接受他现有的发展水平，帮助他们进入群体中。

当您发现您的宝宝不愿意参加小朋友的游戏，而只愿意在一边看的时候，您可以大声地说：“小朋友的游戏真好玩，谁来当小观众呢？”用这样的形式提醒宝宝——他也是一份子。

所以，宝宝出现这样的状况是正常的，特别是3岁以下的宝宝，由于他们年龄还小，经常会害怕进入“群体活动”，这需要孩子慢慢适应。您需要在这些方面帮助孩子：

帮助宝宝以积极的方式与人交往，帮助宝宝学会自我控制，帮助宝宝学会自己解决矛盾。

可以给孩子做的游戏

（1）小熊家做客

让爸爸扮成“熊爸爸”，您先带宝宝去“熊爸爸家做客。”您拉宝宝的手敲敲门，里面的熊爸爸问："是谁在敲门？"您教宝宝回答，然后等熊爸爸来开门。开门进入以后，示范如何问候、如何拥抱等。

【讲解】示范如何进行交往，提高宝宝对交往的认识。

让宝宝自己独自完成。

让宝宝当主人，您和爸爸去做客。

【讲解】增强孩子的记忆力和模仿力，帮助宝宝以社会规范的方式来与人交往。

（2）美丽的春天

你准备一节藕、一个胡萝卜、一个柿子椒，把它们横刀切成两段；再准备各种颜色的颜料，示范如何用这些"菜"蘸颜料印在纸上，画出漂亮的花。然后您用颜色笔帮助宝宝把花"加工"得更漂亮。如果有其他小朋友一起完成效果更好。在这个过程中，您可以提示孩子们互相交换手中的"画笔"，看孩子们是如何"协商"的。

【讲解】创造游戏环境帮助孩子学会用积极的方式与别人进行交往。即使不喜欢参与游戏的宝宝在这样的游戏里也可以找到自己的位置，让他的"作品"融合到大家的"作品"中。

（3）找朋友

和宝宝一起唱《找朋友》的歌曲，边唱边拉宝宝的手完成动作表演。"找啊找啊找朋友，找到一个好朋友，敬个礼来点点头（点头），我们都是好朋友（握手）"。还可以教宝宝唱《礼貌歌》。

【讲解】用儿歌的形式帮助宝宝理解简单的社会道德规范。

（4）交换

在宝宝自由活动的时候，让宝宝拿一件玩具。当他想玩其他小朋友的玩具时，您告诉宝宝要用自己的玩具去交换。看宝宝怎么做？

刚开始的时候，您先充当"另一个宝宝"，如果宝宝想玩您的玩具，就要和您交换。然后再引导他和同伴交换。

【讲解】通过游戏的方式教孩子学会用适宜的方式来解决问题。

当孩子不会和小朋友交往的时候，您该怎么办

当孩子不能主动去交往的时候，您的鼓励不能只是口头上的，应该用积极的方式引导孩子。您可以这样做：

（1）判断宝宝可能不喜欢交往的原因

宝宝是不是因为太累或身体不舒服不想参与到其他人的游戏中去，他可能更喜欢清净一点的环境。

宝宝在这之前是否在交往过程中遇到过一些挫折，比如被大孩子推倒过，或是抓伤过。

宝宝不能掌握正确的表达方式，交往方式太过激烈，曾受到其他家长的斥责。

这些因素都可能会抑制宝宝的交往欲望，年龄太小的宝宝还没有明确的交往意识，这是正常的。

（2）用积极的方式鼓励孩子交往

在您给予宝宝口头鼓励的同时，您应该直接参与到其他小朋友的游戏中去，然后不时地给宝宝一个鼓励的眼神，或是夸张的表情，用您的行动和参与的快乐告诉宝宝游戏很有意思。如果宝宝还是不愿意参与，只在一旁观看，您千万不要抱怨。您可以让宝宝当观众加油，或是“后勤队长”，让他帮您抱着衣服或是其他东西。让他时刻感觉自己也是集体的一份子。

当您忙着做家务或自己工作的时候，不要冷落孩子。给孩子一个“工具”，让他和您一起完成，这可以让孩子感到他也是家庭的一员。

致家长的话

孩子的交往能力是被激发出来的、鼓励出来的，不是抱怨出来的。如果您不想让您的宝宝太孤独，您应该通过各种方式让孩子感到他是集体的一份子。

5. 为什么宝宝还不会说话

宝宝语言发展的情况是宝宝智力成熟的重要标志。具有优秀语言表达能力的宝宝，在很多方面都表现出一定的优势。绝大多数宝宝在2岁的时候开始出现多词句，这表明更复杂语言的出现。

但也有一些宝宝不是这样的，他们到2岁仍然不会说话，甚至连一个字的表达都不会，当他们有需求的时候总是用手来“比画”，最多配合一些简单的发音。您的宝宝有这样的情况吗？如果有，您一定非常着急？

现在，您需要一些“诊断”，看看到底是什么原因造成宝宝“不喜欢说话”的？

语言发育“诊断程序”

（1）生理性诊断

看看宝宝的舌系带是否有粘连；

带宝宝去医院检查听力；

其他病症，比如脑瘫等。

如果宝宝是因为生理性的原因不会说话，您需要赶快给宝宝治疗了。千万不要错过治疗的黄金时间。如果这些原因都没有，就接着找其他原因。

（2）**语言环境诊断**

①您经常和孩子说话吗？

A．经常　　　　B．有空就说　　　　C．偶尔，比较少

②除了您，和宝宝说话的其他人多吗？

A．很多　　　　B．不一定　　　　C．很少

③您家里的人讲几种语言（包括地方方言和外语）？

A．比较统一，都讲普通话　　B．和孩子讲普通话，但成人间不一定

C．口音很杂

【讲解】如果您的答案大部分都是C，那宝宝不会讲话的原因很可能就是语言环境不利造成的。您给宝宝提供的语言环境太过单调或太过复杂，孩子没有得到有效的刺激，导致了语言发展的滞后。您需要立即改变，多和孩子说话，同时统一全家人的口音，让宝宝容易理解和模仿。如果您的答案大部分都是A，那您给宝宝营建的语言环境是健康的，我们接着找找其他原因。

（3）**交流方式诊断**

①当您看到宝宝用简单的手势表达需求时，您的反应是：

A．一般都能理解，帮助宝宝完成

B．即使理解也要让宝宝尽可能说出来

【讲解】如果您的答案是A，那造成宝宝“不会说话的原因”很可能是语言惰性。您对宝宝的肢体动作太过理解并马上满足宝宝的需求，使得宝宝没有必要说话了。您需要逐步要求宝宝把话说出来。

②您和宝宝说话的时候一般用什么样的语句？

A．正常语句，就像和其他成人说话一样

B．简短的语句，并放慢语速

【讲解】如果您的答案是A，那造成宝宝“不喜欢说话的原因”很可能是交流形式太难，宝宝不容易理解和模仿，或者从心理上有了压力，认为只有像大人那样才能说话。您应该稍微改变一下说话的方式，给宝宝说短

句或用肢体语言配合词汇共同表达，接近宝宝的表达能力，让宝宝可以和您平行地交流。

（4）**心理原因**

①当宝宝开口模仿您说话的时候，您是怎么做的？

A．及时地纠正宝宝的发音，并趁机反复巩固

B．不管宝宝的发音如何，及时地给予鼓励

②当宝宝用手势表示某种需求的时候，您很想让宝宝说出来，您是怎么做的？

A．一定要让宝宝说出来才帮助他，否则就不满足他

B．反复教他几次，实在不愿意说就不强迫他，满足他的要求

③您和宝宝在有兴趣地看动物图片，您想趁机教宝宝说说动物名称。他的反应是：

A．您一教，他就表示出很烦躁的样子，甚至连图片也不看了

B．您教的时候，宝宝偶尔能模仿您的发音；当他表示烦躁的时候您就立即停止

【讲解】如果您的情况大部分时候都是A，那宝宝不爱说话的原因很可能是您造成的，您对宝宝的要求太高了。您需要示范如何用语言进行交流，而不是强调使用标准的语言。对于有明显厌恶“学讲话”的宝宝，您甚至要对宝宝任何的交流形式都表示理解，并进行平行的交流。否则，这类型的宝宝还会减少和您的任何交流，当有什么需求的时候，他不再愿意向您表示，而是自己来，或干脆放弃需要。这对宝宝心理健康的发展是非常不利的。

（5）**遗传原因**

造成宝宝说话晚的原因还有遗传原因，您还可以查查家族史！

对照上面的“诊断程序”，您找到宝宝不会说话的原因了吗？

致家长的话

不要逼孩子说话，如果他不会说话，首先要找找原因。

6. 养个“巧舌如簧”的宝宝

宝宝说话不准确时，怎么办

宝宝到了1岁半以后，您经常会对宝宝迅速发展的语言能力感到惊讶。在这段时间里，您每天都会发现宝宝的进步，从一个字的表达，到双语词，甚至还会出现多词句。但这段时期，您会发现宝宝说话的时候有一些发音错误，您该怎么办呢？

您要学会耐心地聆听宝宝的“话”，学会欣赏宝宝的语言，并对宝宝愿意和您交流表示鼓励。

不要总是纠正孩子的发音，这样会打击他爱表达的欲望；更不要模仿他的发音，否则会误导孩子的发音音准。

和孩子说话的时候尽量使用标准的普通话，在孩子容易发错音的字符上，放慢语速。

给孩子做一些口舌练习。

耐心等待，等宝宝的牙齿长齐以后会好很多。

为了帮助孩子发音，您还可以给宝宝做这些游戏

（1）口舌游戏

您在孩子面前不断地表演弹舌头或做连续吐舌头的动作，引导宝宝学习。在学习的基础上，您用夸张的动作鼓励孩子发连续的“啦——”或频率相对较快的“啦、啦、啦、啦”。还可以用儿歌“啦、啦、啦、啦，我就像一朵小红花”或《卖报歌》，教孩子学唱。需要孩子学弹舌发出的声音有“哒、哒、”“踏、踏”“纳、纳”等，让孩子学会连续弹动舌头。

【讲解】游戏的目的是让孩子学会连续弹动舌头，让孩子对连续音节的掌握程度有所提高，在发音上可以发出频率更快的音节。

准备小口哨，让孩子学习吹口哨。然后老师用夸张的口型指导孩子发“发、富、风、佛、飞”等需要发“F”的音。

【讲解】游戏的目的是让孩子学习掌握控制气流，学会发辅音“F”、“P”。

把信签纸的纸条贴在孩子的额头上，您做示范让孩子把纸条吹起来，吹的时候要突出气流的爆发力。然后引导孩子发“怕××”、“拍××”、“扑××”、“皮××“等发“P”的音。

【讲解】发“P”的音，目的是让孩子学会用嘴唇控制气流，提高孩子快速发音的能力。

示范给孩子看，捂着嘴巴，然后发长音“eng——”，让孩子模仿一下。如果孩子模仿得较好，我们可以引导孩子发“梦——”“冷——”“能——”等后鼻音。对于发音能力较强的孩子，我们还可以引导孩子发“M——”的音。

【讲解】鼻音发音是比较难掌握的一种发音，尤其是讲云南方言的家庭，前鼻音和后鼻音是最难分辨的。我们希望在孩子一开始学习发音的时候就给他正确的发音方式上的指导。

（2）模仿动物叫

准备各种各样动物的毛绒玩具，不要直接教宝宝学动物叫，那样的形式会让宝宝觉得很枯燥。在给宝宝讲故事的时候，融入各种动物的叫声。

【讲解】一部分“不喜欢说话”的宝宝对“学发音”已经有“厌学情绪”了，您给孩子创造的学习环境一定要自然，让宝宝随意跟学，不可以强迫他。

（3）大声念顺口溜

对于稍大一些的宝宝，您可以教孩子一些简单的绕口令，比如：

四是四、十是十，四十是四十、十四是十四；

白纸是张纸，柿子是柿子，用纸来写字，吃的是柿子。

在教孩子念绕口令的时候最好要求孩子大声一些。

【讲解】帮助孩子练习口舌的灵活性，掌握音调的变化。

（4）学唱歌

准备一些简单的幼儿歌曲，比如《小星星》、《世上只有妈妈好》等歌曲教孩子唱。在唱的过程中可以您一句，宝宝一句。在教唱过程中注意音准，对于您也把握不好的歌曲，您可以使用录音机，不要随意教。如果您会弹奏乐器，那就来一个配乐吧！

【讲解】增强宝宝的音准，促进歌唱能力。

关于宝宝学习第二语言的建议

避免催促宝宝去学习第二语言，接受宝宝个人的“语言学习时间表”，即第二语言的学习要符合宝宝自身的各种能力和语言发展的情况，不是越早学习就越好。

让孩子在角色游戏、讲故事的时间、与同伴和成人的社会交往中、实地旅行中和别的活动中有更多的机会使用本族语言和新语言进行对话。

学习新语言的目的不是代替另一种语言，两种语言对孩子都是非常重要的。

接受孩子为交流做出的努力，不要去纠正或支配他们的谈话，即使他们用奇异的声音或是肢体动作。

提供相应的环境让孩子有机会接触和第二语言相关的文化过程、生活过程。

不要狭隘地把第二语言的学习看成只是“英语”的学习，宝宝学习任何本族以外的语言都是第二语言的学习，家长要尊重宝宝的兴趣。

致家长的话

“巧舌如簧”的宝宝会让您觉得有个孩子生活真有趣！

7. 原来还可以“这样”说话

试想，您现在到了一个陌生的国家，您根本听不懂当地的话，当地人也听不懂您的话、更看不懂您写的字。您饿了，想吃点东西。您怎样才能让别人了解您的需求呢？想想——想起来了吗？当然可以，您可以使用手势、动作、表情、大家可以理解的拟声词等等。您一定能够解决“肚子”问题的！

宝宝的成长也是这样的，从婴儿期以及以后的肢体语言表达阶段就可以用多种形式的哭声来表达需求，在很长一段时间里，他都是在用非言语的形式和别人进行交流。这样的交流是很有趣的。

但是，您仍然需要帮助宝宝继续增强非言语表达的能力，让宝宝可以通过更丰富的形式表达自己的情感、需求，帮助宝宝成为一个善于表达的孩子。

●**相关提示**　非语言交流对于表达情感和理解别人的情感来说是一种强有力的工具。如果宝宝能够把非言语信息和言语信息结合起来，宝宝能更好地和别人进行交流。您可以在这些方面帮助宝宝：

在和宝宝交流的时候增强面部表情的表达，同时鼓励宝宝也用丰富的面部表情来表达情感。

对于部分不能很好使用言语形式交流的孩子，您要鼓励孩子学会通过身体姿势和手势等非言语形式来表达需求和意愿，以激发孩子交流的欲望。

家长要把言语交流形式和非言语交流形式看成是一致的，不要有过激的褒贬情绪。

可以给孩子做的游戏

（1）*表演*

利用讲故事的时间，您给孩子做表演，表演的神态和动作一定要逼真、夸张，让宝宝觉得很有兴趣。然后您要求宝宝模仿您表演某个动作。比如：

老爷爷走过来了。（弯腰低头，脚步缓慢）

爸爸打呼噜睡觉呢。（闭眼，呼噜声）

你尝一点，可好吃了！（咂嘴，表示吃的样子）

爸爸批评你了，你会怎么样啊？（委屈，低头的样子）

观察宝宝是怎样做的。

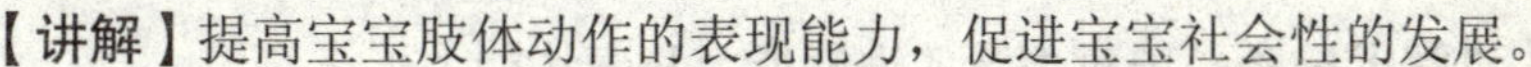

【讲解】提高宝宝肢体动作的表现能力，促进宝宝社会性的发展。

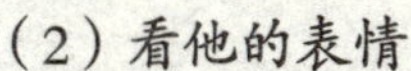

（2）看他的表情

您需要从一些废杂志里找一些各类表情的人物图片，比如高兴大笑的、微笑的、委屈的、伤心的，等等，然后您根据某个图片上的人物和表情编一个故事。您给宝宝讲故事，然后让他从几张图片里找到相应的表情。例如，您选择一张绿茵场上，运动员胜利以后的激动场面。您的故事是：有一位叔叔，他是一位特别优秀的运动员。他在比赛的时候一个人射进了好几个球，他得了第一名，所有人都夸他“最棒”。他特别地高兴！然后问宝宝，这个叔叔怎么高兴，您找找看哪张是叔叔高兴的样子？

在图片设计上，要结合宝宝的实际认知水平提前有一些设计。

【讲解】促进宝宝的语言理解能力和对面部表情的理解能力，促进孩子情感健康的发展。

（3）用眼睛告诉他

您全家人在一起（人越多越好），提前在某个人的脸上、鼻子上或是额头上用口红画一个红印。您带宝宝进来，您问宝宝：“告诉脸上有红印的人，让他用纸擦干净。”但是，告诉宝宝不要用嘴说出来，而是用眼睛告诉那个人。

您也可以在孩子不注意的时候，在孩子的额头上用口红点一个红点，然后其他人尝试用眼神或动作告诉孩子有什么不对，引导孩子发现红点并抹去。

【讲解】促进孩子语言理解能力的提高，鼓励宝宝用目光接触的方式进行交流。

（4）模拟声响表达意思

准备一些玩具材料，比如沙锤、铃鼓、盒子、金属片等。您随意拿一件材料制造出声音，比如轻击金属片发出清脆声或摇晃铃鼓发出哗哗的声，让宝宝指指，哪种更像水滴的声音。

如果孩子的言语表达能力比较强，您可以要求他用材料制造某种声音。

【讲解】提高孩子对声音的理解能力和表达能力。

（5）排列图片表达意思

给宝宝一组有发展顺序的图片，让孩子排列出来。比如，宝宝吃东西，吃得满地都是；

妈妈扫地，收拾掉在地上的东西；宝宝帮妈妈倒垃圾；妈妈亲亲宝宝。您可以先讲故事，让宝宝根据故事排列图片；也可以让宝宝自己排列图片，您帮助宝宝一起编新故事。

【讲解】训练宝宝的记忆能力，以及重新组织故事和句子结构的能力，即促进孩子写作能力的发展。

有的宝宝不能很好地用“嘴巴”说话，甚至讨厌学讲话，您应该怎么做

鼓励宝宝用有效的非言语形式去表达情感和需求，实现和他人的交流。

您需要对宝宝的非言语交流形式表示出更多的理解和鼓励，并有效地运用。例如，当您看到宝宝对于是否进入其他儿童的游戏表示犹豫的时候，您可以给宝宝一个鼓励的眼神。

不要硬逼孩子开口说话，要鼓励任何形式的交流，激发孩子的交流欲更重要。

致家长的话

不要狭隘地认为只有开口说话才能交流，交流有很多形式。对宝宝来说，最重要的是实现和外界的交流。

8. 过家家

您一定还记得您小的时候是怎么玩这个游戏的，碎瓦片、雪糕棒子、小药瓶、废盖子……就是您全部的“家当”。现在的条件比您小的时候好多了，您可以花很少的钱就买全一套“家当”，有燃气灶、冰箱、各类锅、微波炉、小刀等。准备好了，和宝宝一起“过家家”吧！

您可以准备真的原料给宝宝玩，也可以用任何东西代替某种“菜”，比如把大纽扣当做藕片、用小卫生纸团当鸡蛋……

怎样陪孩子玩“过家家”的游戏

这样的游戏是没有什么规矩的，您不需要干涉孩子应该怎么做。

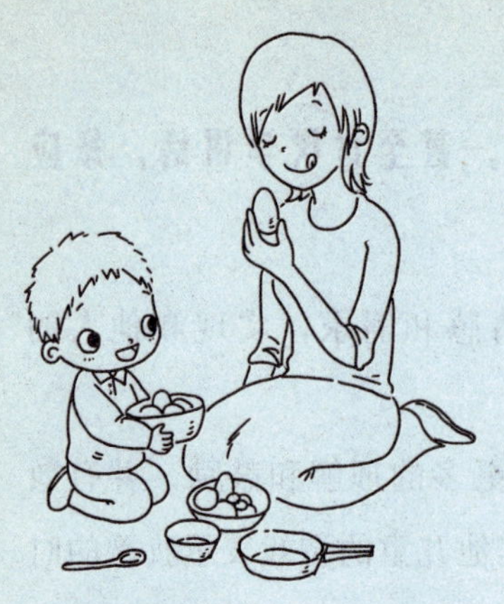

您只要把您变回小时候，很兴奋地参与就可以。例如，宝宝把做好的“鸡蛋”给你吃的时候，您要装出特别高兴的样子来“品尝”。

适当地给予孩子一些赞赏或提议，引导孩子学会解决问题。比如：宝宝给您吃东西的时候，您也可以皱着眉头说“太咸了”，问问孩子怎么办。

只要时间容许，您应该尽情地陪孩子玩。

●**相关提示** 2岁左右的孩子可以开始简单的角色扮演游戏了。角色扮演是一种特殊的游戏，是幼儿以自身或他物为媒介对他人或他物的动作、行为、态度的模仿，也可以说是一种象征性的动作。孩子通过这样的游戏增强了对生活过程的了解，再现了宝宝自己的生活经验。同时在这样的游戏中，孩子还能有这些体验：

兴趣性体验：孩子会自发地进入游戏，而不是被物质诱导进入游戏。

自主性体验：宝宝可以自由选择怎么玩、玩什么，而不像模仿性游戏，需要孩子尽可能和被模仿对象一样。

成就感体验：在这样的游戏中，孩子自己可以决定游戏的内容和方式，不用担心做得不好或不对而受到什么批评。

其他游戏

用同样的方式，您还可以和孩子一起玩玩“小医生”、“小导购”、“小司机”、“小警察”等角色游戏。如果有可能，让他和小朋友一起玩效果更好，他们在玩耍中会有更多的语言交流，相互之间会有争执，也会有协商，不要干涉太多，让您的宝宝在游戏中更好地体会生活。

生活中的角色游戏

直接参与生活过程是认识生活的最佳方式。所以，只要有机会，尽可能让宝宝参与没有危险性的生活过程。比如购物、扫地、洗衣服等，在这些生活过程中，家长要帮助孩子以角色游戏的方式参与进来。比如，给宝宝准备适当的“工具”，安排给他一些“工作”，无论孩子完成的情况怎样，您都不要表现出烦躁，而应给予鼓励。

千万不要制止宝宝的角色扮演过程，也不要用强硬的方式来“纠正”他的表演过程，孩子的角色扮演不需要逼真，孩子理解角色、参与活动更重要。尽可能准备适合的材料，宝宝的参与热情会更高。

致家长的话

让生活和游戏一样有趣，宝宝会更了解生活、更热爱生活。

9. 宝宝“自私”不是罪

您遇到过这样的事情吗

您可能有过这样的经历：您认为宝宝一个人很孤独，于是您邀请朋友带着她的宝宝来家里做客，让两个孩子可以在一起互相玩耍。可是，没过几分钟，就发现两个宝宝因为抢玩具发生了冲突，您要求宝宝做个“小主人”，把玩具给“小客人”玩，您找了一个其他的玩具给宝宝。“冲突”似乎平息了，可没过几分钟，他们又开始“战斗”了。您发现，宝宝们似乎总有共同的爱好，总是喜欢同一玩具，他们很难做到互相谦让。

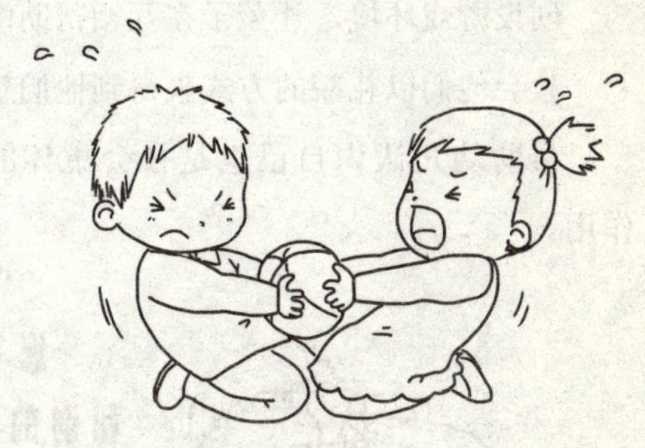

于是，一次愉快的聚会成了宝宝的“矛盾调节会”、“宝宝的批斗大会”。您和朋友可能会责备宝宝、教训宝宝，甚至还会埋怨“现在的孩子

太自私”。

现在的孩子真的“自私”吗？

●相关提示 对于3岁以下的宝宝来说，分享是很难做到的。它包括理解别人的需要和有时的延迟满足。敏感的家长会注意，宝宝经常会因为被要求去分享游戏材料而与别的宝宝发生冲突。您需要做的是尊重孩子的意愿，同时在合适的机会帮助孩子学习集体中的合作规则，让孩子逐渐知道游戏是“在规定的限制范围内的自由活动”。

平行游戏和联合游戏是3岁以下宝宝的主要游戏形式。宝宝需要的是有机会摆弄物体和玩各种各样的主题游戏，而不是被要求去与同伴分享。

所以，不是现在的宝宝“自私”，而是这个年龄段的宝宝都有这样的心理特点、行为特点。家长要尊重宝宝，不能认为这是道德问题，总是用“自私”、“小气”这样的字眼来教训宝宝。随着孩子的成长和与外界交流的增强，他会变得“大方”起来。

教孩子大方起来

家长需要通过游戏的形式帮助孩子尽可能地学会合作和分享，以适应3岁以后的幼儿园的集体生活。您需要帮助宝宝做到以下几点：

创设游戏环境，让孩子在互相帮助中获得满足感；

教会他们以礼貌的方式来得到他们想要的东西；

帮助幼儿认识自己也是社会集体的一份子，并可以对集体活动发挥作用。

您可以给孩子做的游戏，促使他和别的宝宝学会合作

（1）互拉车

您需要准备一辆滑板车，或是一辆小推车，您先当“车夫”，分别拉孩子们玩几次。然后把车教给孩子们，让他们自己去

玩。在观察孩子玩的过程中，您先不要干涉孩子们的“分工”，让他们自己“处理”。您的作用只是示范游戏玩法，创造合作的游戏机会给孩子，但怎样合作是孩子的事。

【讲解】鼓励孩子在游戏中学会合作，获得互相帮助的满足感。

（2）运大箱子

您提前准备一些大纸箱子，两根杆，并用一块薄板架在两根杆中间做成一个架子，然后把大纸箱放在架子上。您先做示范，邀请一位成人合作把箱子运送过去。然后把“工具”交给孩子们，让他们开始工作！在孩子们的玩耍过程中，不要干涉他们的协作过程，也不要干涉他们怎样去邀请小朋友来帮助自己。对于稍大一些的孩子，还可以让他们学着担水。

【讲解】帮助宝宝用礼貌的方式获得他们想要的和需要的东西，学会与别人协作。

（3）搭城堡

准备许多各种各样的小纸盒，您提前用大小不等的蛋糕盒搭成一个三层的台子。然后提供给宝宝们胶水、彩色纸、颜料、胶带等工具，让宝宝们搭城堡上的各种房子。不要限制宝宝的搭法，他可以在空的地方搭，也可以搭在别人的房子上面。搭完以后，和宝宝一起给城堡做一做装饰。城堡搭好以后，让宝宝们指指自己搭的房子在哪里，然后提问城堡是谁搭建的？引导孩子认识集体合作的作用。

【讲解】通过游戏增强宝宝之间的个性融合，理解自己作为群体一分子的概念。

（4）毛巾滚球

准备一块大浴巾，您和宝宝一人拉一头，在毛巾上放一个球，利用两端高度的变化让球滚来滚去。然后把游戏材料交给宝宝们，让他们自己去玩。不要太多指导，如果您愿意，就为他们捡球吧！

【讲解】增强宝宝之间的合作。在游戏中，他们还可以理解简单的物理现象，促进身体协调性的发展。

您是否引导过孩子和别人进行合作，您是怎么做的

当您带宝宝外出散步的时候，您看到邻居正在抬一个重物，您是怎么做的？

【讲解】您的示范会让宝宝理解每个人都需要和别人合作。

您和家人为迎接客人的到来正在准备丰盛的午餐，您有没有要求宝宝帮助您做一些力所能及的事情呢。比如，让宝宝把樱桃放在果盘上。

【讲解】这样的工作能让宝宝意识到他是家庭中的一员，并能为家庭作出“贡献”。

您有没有制作过一些需要两个人才能完成的游戏材料呢？很简单，比如用一根绳子玩翻花、拔河；用小水壶玩茶水生游戏，一个倒水，一个接水喝。

【讲解】孩子之间的合作游戏可以让他们获得更大的满足，但这需要您的引导和帮助。

宝宝想要阿姨手上的糖，您教过他如何征询别人的意见吗？

【讲解】理解并运用社会礼仪规范也是合作的重要部分。

……

总之，无论在家中还是在户外，您有责任通过引导宝宝参与更多的合作促进宝宝社会性的发展，让宝宝成为一个具有优秀的社会交往能力的孩子。

致家长的话

未来社会要求有团队精神的人，会与人合作的孩子将会在以后获得更大的成功。如果说早期教育中认知的发展、智力的潜能拓展很重要的话，教会孩子学会合作和分享也和智力发展同等重要，甚至更重要。

附录1

幼儿成长家庭测验量表

姓名：　　　　　　　出生日期：

测试说明：本测试量表有四个测试部分，针对每个测试项目，我们提供给家长3个测试观察期，家长可以间隔一定的时间做同样的测试，并把结果登记在测试表中。测试过程要客观、准确。

一、健康指数

A——对情感的认识、接受和表达能力

B——对各种状态做出反应的能力

C——个性的融合程度

D——形成价值观

E——手眼／眼脚协调能力

F——大肌肉运动能力

G——非大肌肉运动能力

H——身体支配和控制能力

（以下各年龄段测试项目均按此顺序排列）

18～21个月　　　　　　　　　　　测验日期：　　　（表现是否明显）

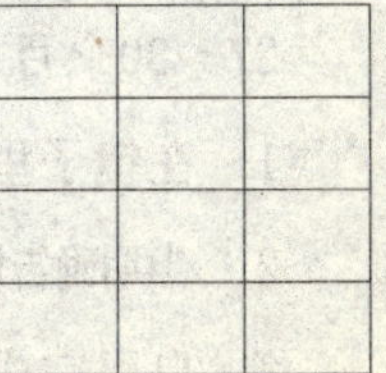

1．会用动作和语言明确表达自己的个人需要。

2．当哭闹的时候很容易利用玩具让他平静下来。

3．受到表扬的时候会表现出特别自豪的样子。

4．看到其他小朋友哭泣的时候，会要求家长拥抱。

5．可以将6～7块小积木搭高。

6．可以一手扶栏杆，面对楼梯上楼。

7．可以轻松地爬行进出床底。

8．可以轻松地踮脚尖走路。

21～24个月　　　　测验日期：　　　　（表现是否明显）

1．看到妈妈哭泣或悲伤的时候会表现出对妈妈的爱抚。

2．自己的玩具被小朋友抢走以后会主动采取措施。

3．当看到新玩具的时候喜欢尝试。

4．会把自己心爱的玩具或食物交给妈妈管理。

5．能把玻璃丝穿过扣眼，并且还会拉线。

6．可以双脚跳离地面。

7．可以轻松地做连续翻滚动作。

8．可以跟随大人做蹲下、点头、举手等动作。

24～27个月　　　　测验日期：　　　　（表现是否明显）

1．当受到批评的时候会伤心甚至哭泣。

2．当他的意愿不能被满足的时候会发脾气。

3．喜欢参与到新的游戏中，不会感到害怕或拘束。

4．宝宝会照顾自己喜欢的娃娃或玩具。

5．模仿画横线或竖线。

6．不扶栏杆可以上楼梯。

7．牵妈妈一只手可以走平衡板。

8．听命令快速举起相关的身体部位。

27～30个月　　　　测验日期：　　　　（表现是否明显）

1．在镜子里看见自己的影像会尝试做各种表情。

2．当明确告诉孩子不能玩××时，尽管他不乐意但也能接受。

3．自己完成某个游戏以后会感觉特别自豪。

4. 特别喜欢小动物，甚至会抱抱摸摸。

5. 会用小积木搭小桥。

6. 不扶栏杆可以独自下楼梯。

7. 在急跑的过程中可以完成转弯动作。

8. 会根据节奏拍手或踏脚。

30～33个月　　测验日期：　　（表现是否明显）

1. 看到其他小朋友摔倒以后哭泣时，会表示出安慰。

2. 受到批评以后，自己哭泣一会儿就会平静下来去玩玩具。

3. 会主动把自己的玩具或食物和别人分享。

4. 会对自己喜欢的人表示爱，甚至会主动拥抱。

5. 能准确地把球踢向某个位置。

6. 双脚立定跳远能往远处跳30公分。

7. 可以轻松地爬上攀爬架，可能下不来。

8. 可以很好地听命令做动作。

33～36个月　　测验日期：　　（表现是否明显）

1. 会通过假装游戏表达自己的情感。

2. 你不想让孩子吃太多雪糕时，他可以接受其他替代性建议。

3. 如果朋友要求，会把自己正在玩耍的玩具给朋友。

4. 小朋友受伤以后，会轻轻抚摩小朋友。

5. 会画闭合的圆圈。

6. 会骑小三轮车。

7. 可以单足站立5秒钟以上。

8. 会躲闪滚过来的小球。

36～42个月　　测验日期：　　（表现是否明显）

1. 可以用语言明确表达自己的各种感受。

2. 孩子会回答“怎么办”。

3. 会用言语的形式表示想进入别人的游戏。

4. 会用言语的方式对别人表示安慰并询问“为什么”。

5. 能接住抛过来的球。

6. 能从高处跳下来并站稳。

7. 能跟随家长动作学习跳舞。

8. 宝宝可以轻松地钻过栅栏栏杆。

二、自我认知程度

A——自理能力

B——独立性

C——安全意识

（以下各年龄段测试项目均按此顺序排列）

18～21个月　　测验日期：　　（表现是否明显）

1. 自己能吃小半碗饭，偶尔要大人喂。

2. 自己需要某种物品时会先尝试自己去拿。

3. 做在摇马或秋千上时会自己拉稳把手或绳子。

21～24个月　　测验日期：　　（表现是否明显）

1. 自己可以端杯喝水不用奶瓶。

2. 能按大人的要求把玩具放到规定的地方。

3. 用手尝试水很烫后会放弃喝水。

24～27个月　　测验日期：　　（表现是否明显）

1. 小便前会表示，并要求大人帮助脱下裤子。

2. 新玩具出现时喜欢自己先尝试不喜欢别人教。

3. 在往前跑的时候会避开路上的障碍物。

27～30个月　　测验日期：　　（表现是否明显）

1. 经提醒会主动收拾自己玩耍的玩具。

2．能保护好自己心爱的玩具不会被别人拿走。

3．会按照大人的要求乖乖地坐在自行车小座位上，不乱动。

30～33个月　　测验日期：　　（表现是否明显）

1．自己能脱单衣和裤子。

2．为了达到自己的某种需要，不听从家长的命令做出自己的选择。

3．在攀爬架上遇到困难后会向大人求助。

33～36个月　　测验日期：　　（表现是否明显）

1．大小便能完全自理。

2．能用语言表达自己的需求，并争取自己的利益。

3．知道电源、剪刀等东西不能玩，非常危险。

36～42个月　　测验日期：　　（表现是否明显）

1．能分清左右两只鞋并能穿上。

2．和家长分别时能控制自己的情绪，自己走进幼儿园教室。

3．过马路时会有意识的观察红绿灯。

三、社会交往、交流能力

A——社会交往能力

B——合作意识

C——尊重他人程度

D——语言表达能力

E——言语理解和接受程度

（以下各年龄段测试项目均按此顺序排列）

18～21个月　　测验日期：　　（表现是否明显）

1．当自己的玩具和其他小朋友一样的时候不会去拿别人的玩具。

2．吃饭时间能乖乖地坐好。

3．当大人说“不”的时候会抑制自己的行为。

4．能用简单的词汇或单字配合肢体动作表达自己的需求。

5．能完成听音取物。（没有任何肢体动作暗示）

21～24个月　　测验日期：　　（表现是否明显）

1．经提示，会主动表示对自己喜欢的人或动物的欢迎。

2．能按大人的要求把玩具放好。

3．大人要求孩子“帮××”时会主动完成。

4．能用3～5个字的句子表达意思。

5．能听懂简单的要求，比如“把苹果给奶奶”等。

24～27个月　　测验日期：　　（表现是否明显）

1．会拉着大人的手去看自己喜欢的事物。

2．经提示会帮助小朋友，并在大人的表扬中有自豪感。

3．当同伴表示友好时能给予同样的友好方式，比如拥抱。

4．能说出图片上自己熟悉事物的名称。

5．能回答“这是什么”、“那是谁”等简单的问题。

27～30个月　　测验日期：　　（表现是否明显）

1．会和小朋友一起游戏。

2．大部分时间能按大人的要求去做。

3．想玩别人玩具时，经提示会征求别人的意见。

4．会主动问“这是什么”。

5．能按照大人命令做动作。

30～33个月　　测验日期：　　（表现是否明显）

1．能理解如果打小朋友就没有人喜欢。

2．能自己参与到大部分集体活动中去。

3．知道要礼让比自己小的孩子或礼让女孩儿。

4．会用“哪里”、“什么”、“怎么”等词提出问句。

5．能听懂简单的故事，并会表示出对某个故事的偏好。

33～36个月　　测验日期：　　（表现是否明显）

1. 当和小朋友发生争抢时，能按大人要求与小朋友分享或交换。
2. 能按游戏规则参与到群体游戏中去。
3. 懂得简单的社会道德规范，比如不能随地大小便等。
4. 会用反义词。
5. 可以按照命令的顺序完成动作，比如“先……，再……，最后……”

36～42个月　　测验日期：　　（表现是否明显）

1. 会主动向同伴表示想参与到游戏中去。
2. 能按照大人的要求等待。
3. 在大人的提示下会使用简单的礼貌用语。
4. 经提示可以讲述简单的经历，比如去动物园里怎么玩的。
5. 可以听完故事以后回答简单提问。

四、认知能力

A——概念形成

B——观察判断能力

C——问题解决能力

D——记忆力

E——联想/分类能力

（以下各年龄段测试项目均按此顺序排列）

18～21个月　　测验日期：　　（表现是否明显）

1. 能熟练指认熟悉的事物和图片。
2. 能把圆形、方形、三角形放在拼图板里。
3. 能找到封口打开包装。
4. 模仿大人做手势或简单动作。
5. 能分清家里的东西哪些是自己的，哪些是妈妈、爸爸的。

21～24个月　　　　测验日期：　　　　（表现是否明显）

1．认识一个色彩，无论更换何种事物都能明确指出。

2．能马上发现自己的房间里多了什么新东西。

3．通过尝试知道哪个按纽控制电动玩具。

4．能给熟悉的事物或图片命名。

5．妈妈买东西回来知道把吃的放在冰箱里，洗发水放在卫生间里。

24～27个月　　　　测验日期：　　　　（表现是否明显）

1．认识大小。

2．能根据露出的部分说出是什么。

3．不提示自己会尝试用不同工具打开盒子。

4．能背诵一首简单的儿歌或唐诗。

5．能把所有红色的东西都指出来。

27～30个月　　　　测验日期：　　　　（表现是否明显）

1．认识“1”和许多。

2．能用手判断出藏在布袋里的东西是什么。

3．知道常见工具的用途。

4．能模仿大人用积木或小木棍搭简单图形，比如火车、十字等。

5．能找出洗澡时需要的工具（找出吃饭需要的东西也可以）。

30～33个月　　　　测验日期：　　　　（表现是否明显）

1．理解“里、外”、“上、下”等空间词汇。

2．能通过别人的表情判断出杯中的“水”不能喝。

3．当遇到困难的时候会主动求助。

4．能说出刚才看到的5件物品。

5．能按照要求进行简单的分类，比如按用途。

33～36个月　　测验日期：　　（表现是否明显）

1．认识数字。

2．能发现熟悉的事物少了什么，比如猫咪少了尾巴。

3．会回答“饿了、累了、冷了、渴了”等时候怎么办。

4．能背数到10以上。

5．会用“动物、植物、电器”等归纳性词汇来描述事物属性。

36～42个月　　测验日期：　　（表现是否明显）

1．能点数到5以上。

2．能完成5片以上拼图。

3．会向同伴或家长建议解决的方式。

4．能回想起一个星期以前发生的事情。

5．会正确使用类比性句子。

●相关提示　本书的作者不提倡家长为了测试而把孩子的能力静固在测试量表中所列举的测试项目里，建议家长注意在自然的生活过程中促进孩子全面素质的提高。

附录2

正常儿童的体格发育参考值

年龄组	男		女	
	体重（千克）	身高（厘米）	体重（千克）	身高（厘米）
初生	3.21	50.20	3.12	49.60
1月	4.90	56.50	4.60	55.60
2月	6.02	60.10	5.54	58.80
3月	6.74	62.40	6.22	61.10
4月	7.36	64.50	6.78	63.10
5月	7.79	66.30	7.24	64.80
6月	8.39	68.60	7.78	67.00
8月	9.00	71.30	8.36	69.70
10月	9.44	73.80	8.80	72.30
12月	9.87	76.50	9.24	75.10
15月	10.38	79.20	9.78	77.90
18月	10.88	81.60	10.33	80.40
21月	11.42	84.40	10.87	83.10
2.0岁	12.24	87.90	11.60	86.60
2.5岁	13.13	91.70	12.55	90.30
3.0岁	13.95	95.10	13.44	94.20
3.5岁	14.75	98.50	14.26	97.30
4.0岁	15.61	102.10	15.21	101.20
4.5岁	16.49	105.30	16.12	104.50
5.0岁	17.39	108.60	16.79	107.60
5.5岁	18.30	111.60	17.72	110.80
6.0～7.0岁	19.81	116.20	19.08	115.10